全国高职高专道桥与市政工程专业规划教材

公路工程检测技术项目实训

主　编　周广宇　李清华
副主编　龙丽丽　陈学玲　张博辉
主　审　潘　威　王宗福

黄河水利出版社
·郑州·

内 容 提 要

本书是全国高职高专道桥与市政工程专业规划教材，是根据教育部对高职高专教育的教学基本要求及全国水利水电高职教研会制定的公路工程检测技术项目实训课程标准编写完成的。本书为《公路工程检测技术》(黄河水利出版社出版，周广宇、林晖主编)的配套实训教材，全书依据最新标准、规程及规范，以路基路面工程检测和桥梁工程检测两个学习情境为理论基础，以培养交通行业从业人员职业岗位(群)技能为宗旨，构建了30个典型的岗位任务。

本书可作为道路桥梁工程技术、市政工程、公路监理、高等级公路维护与管理等专业的实训教材，也可作为公路工程施工、监理及试验检测人员执业资格考试的培训教材和参考书。

图书在版编目(CIP)数据

公路工程检测技术项目实训/周广宇，李清华主编．—郑州：黄河水利出版社，2014.5

全国高职高专道桥与市政工程专业规划教材

ISBN 978-7-5509-0780-5

Ⅰ.①公…　Ⅱ.①周…②李…　Ⅲ.①道路工程-检测-高等职业教育-教材　Ⅳ.①U41

中国版本图书馆CIP数据核字(2014)第079324号

组稿编辑：王路平　电话：0371-66022212　E-mail：hhslwlp@163.com

路夷坦　66022111　hhsllyt@126.com

出 版 社：黄河水利出版社

地址：河南省郑州市顺河路黄委会综合楼14层　邮政编码：450003

发行单位：黄河水利出版社

发行部电话：0371-66026940、66020550、66028024、66022620(传真)

E-mail：hhslcbs@126.com

承印单位：河南地质彩色印刷厂

开本：787 mm×1 092 mm　1/16

印张：9.5

字数：220千字　印数：1—4 100

版次：2014年5月第1版　印次：2014年5月第1次印刷

定价：20.00元

前　言

本书是根据《教育部关于全面提高高等职业教育教学质量的若干意见》(教高〔2006〕16号)、《教育部关于推进高等职业教育改革创新引领职业教育科学发展的若干意见》(教职成〔2011〕12号)等文件精神,由全国水利水电高职教研会拟定的教材编写规划,在中国水利教育协会指导下,由全国水利水电高职教研会组织编写的道桥与市政工程专业规划教材。该套规划教材是在近年来我国高职高专院校专业建设和课程建设不断深化改革和探索的基础上组织编写的,内容上力求体现高职教育理念,注重对学生应用能力和实践能力的培养;形式上力求做到基于工作任务和工作过程编写,便于"教、学、练、做"一体化。该套规划教材是一套理论联系实际、教学面向生产的高职高专教育精品规划教材。

本实训教材以"校企合作,工学结合"为切入点,在充分调研公路工程检测领域和职业岗位(群)对知识、技能、能力和素质等要求的基础上,以路基路面工程检测和桥梁工程检测两个学习情境为理论基础,以培养交通行业就业岗位(群)技能为宗旨,对实践课程体系、岗位实训任务进行了改革和探索,实现实践课程体系、岗位职业能力培养与人才培养模式的高度匹配。

为满足公路工程检测技术课程的实训要求,培养学生的实践操作能力及未来就业岗位职业技能,由多所高职院校联合与交通行业企业专家共同合作编写了本教材,作为《公路工程检测技术》(黄河水利出版社出版,周广宇、林晖主编)的配套教学用书。

在实训教材设计理念方面,始终坚持"必需、够用"的准则,突出实践性;依据最新标准、新规程及新规范,满足社会与经济发展需要,与生产、建设、管理和社会服务第一线的实际需求相适应;吸纳行业企业专家参与教材建设,使企业培训理念、企业文化、职业道德和职业素质直接融入教材之中,实现了校内项目实训与就业岗位任务无缝对接,形成了"校企合作,工学结合"开发模式的特色实训教材。

本书编写人员及编写分工如下:黑龙江交通职业技术学院张博辉编写岗位任务1至岗位任务6,山东水利职业学院周广宇编写岗位任务7至岗位任务12,安徽水利水电职业技术学院龙丽丽编写岗位任务13至岗位任务15、岗位任务19至岗位任务23,山东省路桥集团有限公司李清华编写岗位任务16至岗位任务18,黑龙江交通职业技术学院陈学玲编写岗位任务24至岗位任务30。全书由周广宇、李清华担任主编,由周广宇拟定编写大纲并对全书进行统稿;由龙丽丽、陈学玲、张博辉担任副主编;由河南交通职业技术学院潘威、山东省路桥集团有限公司王宗福担任主审,两位审稿人认真审阅了本书,从理论教学与社会实践两个方面对本书提出了重大修改意见,将理论与实践相衔接,使得本书更加适合培养公路工程检测一线人员所需的知识和技能。

由于编者水平有限及时间仓促,书中难免存在不当之处,敬请广大读者批评指正。

编　者

2014年1月

目　录

岗位任务1　路基路面几何尺寸测试

能力目标

1. 能够运用随机选点方法选择测定区间、断面及断面测点的位置。
2. 能够运用相关测试仪器测定路基路面的几何尺寸。
3. 能够进行公路路基路面几何尺寸的质量评定。

知识目标

1. 了解路基路面几何尺寸的检测要求。
2. 掌握路基路面几何尺寸测试的方法与步骤。
3. 掌握公路路基路面几何尺寸的质量评定原则。

素质目标

培养坚持原则、忠于职守、作风正派、秉公办事的作风,要以数据说话;形成认真、严谨和科学的态度,具有较强的团队意识;树立质量第一的工程意识。

一、项目检测目的与要求

检测路基路面各部分的宽度、纵断面高程、横坡及中线平面偏位等几何尺寸,供道路施工过程、路面交竣工验收及旧路调查使用。

二、项目检测仪器设备

(1)长度量具:钢尺。
(2)经纬仪、全站仪、精密水平仪及塔尺。
(3)其他:粉笔等。

三、项目检测方法与步骤

(1)准备工作。
(2)纵断面高程测定:测记测定点的高程读数,以 m 计,精确至 0.001 m。
(3)路面横坡测定。
(4)路基路面各部分宽度及总宽度测定:高速公路及一级公路,精确至 0.005 m;其他公路,精确至 0.01 m。
(5)路基路面中线偏差测定:路面中线偏位是指路面实际中心线偏离设计中心线的距离,以 mm 计。

四、项目检测数据分析与判定

(1)纵断面高程。各测点的实测高程 H_{1i} 与设计高程 H_{0i} 之差为

$$\Delta H_i = H_{1i} - H_{0i}$$

(2)路面横坡。计算实测横坡 i_{1i}与设计横坡 i_{0i}之差 Δi_i

$$i_{1i} = \frac{h_{d1} - h_{d2}}{B_i} \times 100\%$$

$$\Delta i_i = i_{1i} - i_{0i}$$

(3)路基路面各部分宽度及总宽度。各测定断面的实测宽度 B_{1i}与设计宽度 B_{0i}之差 ΔB_i 为

$$\Delta B_i = B_{1i} - B_{0i}$$

根据规范规定计算一个评定路段内测定值的平均值、标准差、变异系数,按照数理统计原理计算一个评定路段测定值的代表值。

五、项目检测报告

(1)以评定路段为单位列出桩号及宽度、高程、横坡,以及中线偏位测定的记录,记录平均值、标准差、变异系数,注明不符合规范及设计要求的断面。

(2)纵断面高程测试报告中应报告实测高程与设计高程的差值,低于设计高程为负值,高于设计高程为正值。

(3)路面横坡测试报告中应报告实测横坡与设计横坡的差值,小于设计横坡为负值,大于设计横坡为正值。

路基路面宽度试验检测记录表

检测单位：　　　　　　　　　　　　　　　　　　　　记录编号：

工程名称			合同段号		
施工/委托单位			公路等级		
监理单位			起讫桩号		
检测依据			规定值或允许偏差		
主要仪器设备及编号					
桩号	位置	设计宽度（m）	实测宽度（m）	偏差（mm）	备注
备注：					

检测：　　　　　　　　复核：　　　　　　　　日期：　　　年　　月　　日

路基路面宽度试验检测报告

检测单位： 报告编号：

工程名称		合同段号	
施工/委托单位		公路等级	
监理单位		起讫桩号	
检测依据		规定值或允许偏差	
判定依据		主要仪器设备及编号	

桩号	位置	设计宽度（m）	实测宽度（m）	偏差（mm）	备注

检测点数： 合格点数： 合格率（%）：

平均值： 标准差： 变异系数：

检测结论：

备注：

检测： 审核： 签发： 日期： 年 月 日

路基路面纵断面高程试验检测记录表

检测单位：　　　　　　　　　　　　　　　　　　　　　　　记录编号：

工程名称		合同段号	
施工/委托单位		公路等级	
监理单位		起讫桩号	
检测依据		规定值或允许偏差	
主要仪器设备及编号			

桩号	位置	实测值（m）	设计值（m）	偏差（mm）	备注
备注：					

检测：　　　　　　　　　　　复核：　　　　　　　　　　日期：　　　年　　月　　日

路基路面纵断面高程试验检测报告

检测单位：　　　　　　　　　　　　　　　　　　报告编号：

工程名称		合同段号	
施工/委托单位		公路等级	
监理单位		起讫桩号	
检测依据		规定值或允许偏差	
判定依据		主要仪器设备及编号	

桩号	位置	实测值(m)	设计值(m)	偏差(mm)	备注

检测点数：	合格点数：	合格率(%)：
平均值：	标准差：	变异系数：
检测结论：		
备注：		

检测：　　　　审核：　　　　签发：　　　　　　日期：　　　年　　月　　日

横坡度试验检测记录表

检测单位：　　　　　　　　　　　　　　　　　　　　　　记录编号：

工程名称		合同段号	
施工/委托单位		公路等级	
监理单位		起讫桩号/桥梁名称	
检测依据		规定值或允许偏差（%）	
主要仪器设备及编号			

桩号	位置	水准尺读数（m）		宽度（m）	横坡度（%）		偏差（%）
		内侧	外侧		内侧	外侧	
备注：							

检测：　　　　　　　　　　复核：　　　　　　　　　　日期：　　　年　　月　　日

路基路面横坡度试验检测报告

检测单位：　　　　　　　　　　　　　　　　　　　　　　报告编号：

工程名称		合同段号	
施工/委托单位		公路等级	
监理单位		起讫桩号	
检测依据		规定值或允许偏差(%)	
判定依据		主要仪器设备及编号	

桩号	位置	高差(m)	宽度(m)	横坡度(%)		偏差(%)
				实测	设计	

检测点数：　　　　　　　　合格点数：　　　　　　　　合格率(%)：

平均值：　　　　　　　　　标准差：　　　　　　　　　变异系数：

检测结论：

备注：

检测：　　　　审核：　　　　签发：　　　　日期：　　　　年　　月　　日

路基路面中线偏位试验检测记录表

检测单位：　　　　　　　　　　　　　　　　　　　　　　　　　记录编号：

工程名称		合同段号	
施工/委托单位		公路等级	
监理单位		起讫桩号	
检测依据		规定值或允许偏差	
主要仪器设备及编号			

桩号	设计坐标（m）		中线偏位（mm）	桩号	设计坐标（m）		中线偏位（mm）
	X	*Y*			*X*	*Y*	

备注：

检测：　　　　　　　　复核：　　　　　　　　日期：　　　年　　月　　日

路基路面中线偏位试验检测报告

检测单位：　　　　　　　　　　　　　　　　　　　　　　　　报告编号：

工程名称		合同段号	
施工/委托单位		公路等级	
监理单位		起讫桩号	
检测依据		规定值或允许偏差	
判定依据		主要仪器设备及编号	

桩号	中线偏位(mm)	备注	桩号	中线偏位(mm)	备注

检测点数：	合格点数：	合格率(%)：
平均值：	标准差：	变异系数：
检测结论：		
备注：		

检测：　　　　审核：　　　　签发：　　　　日期：　　　年　　月　　日

岗位任务2　钻芯(挖坑)法测定路面厚度

能力目标

1. 能够运用随机选点方法确定测定区间及断面测点位置。
2. 能够运用钻芯(挖坑)法测定路面的厚度值。
3. 能够进行公路路面厚度的验收与评定。

知识目标

1. 了解路面厚度检测要求。
2. 掌握钻芯(挖坑)法测定路面厚度的方法与步骤。
3. 掌握公路路面厚度验收与评定原则。

素质目标

培养坚持原则、忠于职守、作风正派、秉公办事的作风,要以数据说话;形成认真、严谨和科学的态度,具有较强的团队意识;树立质量第一的工程意识。

一、项目检测目的与要求

检测路基路面各层施工完成后的厚度及工程交工验收检查厚度。基层或砂石路面的厚度可用挖坑法测定,沥青面层及水泥混凝土路面的厚度应用钻孔法测定。

二、项目检测仪器设备

(1)挖坑用镐、铲、凿子、锤子、小铲、毛刷。
(2)路面取芯钻机及钻头、冷却水。
(3)量尺:钢板尺、钢卷尺、卡尺。
(4)补充材料:与检查层位的材料相同。
(5)补坑用具:夯、热夯、水等。
(6)其他:搪瓷盘、棉纱等。

三、项目检测方法与步骤

(一)用挖坑法测定厚度的步骤

(1)根据现行规范的要求,按公路路基路面现场测试随机选点的方法确定挖坑检查的位置。

(2)选一块面积为40 cm×40 cm的平坦地面作为试验地点,用毛刷将其清扫干净。

(3)根据材料坚硬程度,选择镐、铲、凿子等适当的工具开挖这一层材料直至层位底面。

(4)用毛刷清扫坑底,确认为下一层的顶面。

(5)将钢板尺平放横跨于坑的两边,用另一把钢尺或卡尺等量具在坑的中部位置垂直伸至坑底，测量坑底至钢板尺的距离，此距离即为检查层的厚度，以 mm 计，精确至1 mm。

（二）用钻芯法测定厚度的步骤

（1）根据现行规范的要求，按公路路基路面随机取样选点的方法，确定钻孔检查的位置。

（2）用路面取芯钻孔机钻孔，芯样的直径应符合要求，钻孔深度必须达到层厚。

（3）仔细取出芯样，清除底面灰土，找出与下层的分界面。

用钢板尺或卡尺沿圆周对称的十字方向四处量取表面至上下层界面的高度，取其平均值，即为该层的厚度，精确至1 mm。

四、项目检测数据分析与判定

（1）计算实测厚度 T_{li} 与设计厚度 T_{oi} 之差 ΔT_l

$$\Delta T_l = T_{li} - T_{oi}$$

（2）计算评定路段检测的厚度的平均值、标准差、变异系数，并计算代表厚度。

五、项目检测报告

路面厚度检测报告应列表填写，并记录与设计厚度之差，不足设计厚度为负值，大于设计厚度为正值。

路面结构层厚度检测记录表

检测单位：　　　　　　　　　　　　　　　　　　　　记录编号：

工程名称		合同段号	
施工/委托单位		公路等级	
监理单位		起讫桩号	
试验依据		结构类型	
主要仪器设备及编号		规定值或允许偏差	

测点桩号	位置	上面层厚度（cm）	情况描述	总面层厚度（cm）	情况描述	基层厚度（cm）	情况描述

测点数	平均值（mm）	标准差	厚度代表值（mm）	合格率（%）

备注：

检测：　　　　　　　　复核：　　　　　　　　日期：　　　年　　月　　日

路面结构层厚度试验检测报告

检测单位： 报告编号：

工程名称				合同段号			
施工/委托单位				公路等级			
监理单位				起讫桩号			
试验依据				结构类型			
判定依据				允许偏差(cm)			
设计值(cm)				主要仪器设备及编号			
测点桩号	位置	上面层厚度(cm)	情况描述	总面层厚度(cm)	情况描述	基层厚度(cm)	情况描述
测点数	平均值(mm)	标准差	厚度代表值(mm)		合格率(%)		
检测结论：							
备注：							

检测： 审核： 签发： 日期： 年 月 日

岗位任务 3　灌砂法测定压实度

能力目标

1. 能够运用随机选点方法确定测定区间、断面测点的位置。
2. 能够运用灌砂法测定路面的压实度。
3. 能够进行公路路面压实度质量评定。

知识目标

1. 了解灌砂法检测仪器的构造及工作原理。
2. 掌握灌砂法测定路面压实度的方法与步骤。
3. 掌握公路路面压实度质量评定原则。

素质目标

培养坚持原则、忠于职守、作风正派、秉公办事的作风，要以数据说话；形成认真、严谨和科学的态度，具有较强的团队意识；树立质量第一的工程意识。

一、项目检测目的与要求

现场测定基层（或底基层）、砂石路面及路基土的各种材料压实层的密度和压实度，也适用于沥青表面处治、沥青贯入式路面层的密度和压实度检测，但不适用于填石路堤等有大空洞或大孔隙材料的压实度检测。

二、项目检测仪器设备

（1）灌砂筒。
（2）金属标定罐。
（3）基板。
（4）玻璃板。
（5）试样盘或塑料袋。
（6）电子秤：称量 10～15 kg，感量不大于 1 g。
（7）含水率测定器具：如铝盒、烘箱等。
（8）量砂：粒径为 0.30～0.60 mm 清洁干燥的均匀砂，质量一般为 20～40 kg。
（9）盛砂的容器：塑料桶等。
（10）其他：凿子、螺丝刀、铁锤、长把勺、长把小簸箕、毛刷等。

三、项目检测方法与步骤

（一）准备工作

（1）按现行试验方法对检测对象试样用同种材料进行击实试验，得到最大干密度 ρ_c 及最佳含水率 ω_0。

(2)选用适宜的灌砂筒。

(3)标定灌砂筒下部圆锥体内砂的质量。

(4)标定量砂的松方密度 ρ_s(g/cm^3)。

(二)试验步骤

(1)在试验地点,选一块平坦表面,并将其清扫干净,使其面积不小于基板面积。

(2)将基板放在平坦表面上,称量筒内砂的质量 m_6,精确至1 g。

(3)取走基板,并将留在试验地点的量砂收回,重新将表面清扫干净。

(4)将基板放回清扫干净的表面上,沿基板中孔凿洞,全部称出材料的总质量为 m_w,精确至1 g。

(5)从挖出的全部材料中取有代表性的样品,测定其含水率 ω(以%计)。

(6)将基板安放在试坑上,称量筒内剩余砂的质量 m_4,精确至1 g。

(7)如粗糙度不大,也可省去步骤(2)、(3)的操作。称取量筒内剩余砂的质量 m_4',精确至1 g。

(8)仔细去除试筒内的量砂,以备下次试验时再用。

四、项目检测数据分析与判定

(1)计算填满试坑所用的砂质量 m_b(g),计算式为

$$m_b = m_1 - m_4 - m_2$$

(2)计算试坑材料的湿度 ρ_w(g/cm^3),计算式为

$$\rho_w = \frac{m_w}{m_b} \times \rho_s$$

(3)计算试坑材料的干密度 ρ_d(g/cm^3),计算式为

$$\rho_d = \frac{\rho_w}{1 + 0.01\omega}$$

(4)水泥、石灰、粉煤灰等无机结合料稳定土,其干密度 ρ_d(g/cm^3),计算式为

$$\rho_d = \frac{m_d}{m_b} \times \rho_s$$

(5)计算施工压实度,计算式为

$$K = \frac{\rho_d}{\rho_c} \times 100\%$$

五、项目检测报告

各种材料的干密度均应精确至0.01 g/cm^3。

灌砂法测定压实度试验检测记录表

检测单位：　　　　　　　　　　　　　　　　　　　　　　　　记录编号：

工程名称		合同段号	
施工/委托单位		公路等级	
监理单位		起讫桩号	
检测依据		规定值或允许偏差	
主要仪器设备及编号			

结构层次		保证率（%）		最佳含水率（%）		最大干密度（g/cm³）		锥体砂质量（g）		标准砂密度（g/cm³）	

测点桩号	取样位置	试坑中湿土样质量（g）	放基板 筒+量砂质量（g）	放基板 筒+剩余砂质量（g）	筒+量砂质量（g）	灌满试坑后剩砂+试筒质量（g）	试坑内砂质量（g）	湿密度（g/cm³）	含水率测定 盒号	含水率测定 盒质量（g）	含水率测定 盒+湿土质量（g）	含水率测定 盒+干土质量（g）	含水率测定 含水率（%）	含水率测定 平均含水率（%）	干密度（g/cm³）	压实度（%）

备注：

检测：　　　　　　　　复核：　　　　　　　　日期：　　　年　　月　　日

灌砂法测定压实度试验检测报告

检测单位：　　　　　　　　　　　　　　　　　　　　　　　　　　报告编号：

工程名称		合同段号	
施工/委托单位		公路等级	
监理单位		起讫桩号	
检测依据		规定值或允许偏差	
判定依据		主要仪器设备及编号	

最佳含水率(%)		最大干密度(g/cm^3)		层次	

测点桩号	取样位置	湿密度(%)	干密度(%)	压实度(%)

测点		平均值(%)		标准差		代表值(%)	

检测结论：

检测：　　　　　审核：　　　　　签发：　　　　　日期：　　年　　月　　日

岗位任务4　环刀法测定压实度

能力目标

1. 能够运用随机选点方法确定测定区间、断面测点的位置。
2. 能够运用环刀法测定路面的压实度。
3. 能够进行公路路面压实度质量评定。

知识目标

1. 了解环刀法检测仪器的构造及工作原理。
2. 掌握环刀法测定路面压实度的方法与步骤。
3. 掌握公路路面压实度质量评定原则。

素质目标

培养坚持原则、忠于职守、作风正派、秉公办事的作风，要以数据说话；形成认真、严谨和科学的态度，具有较强的团队意识；树立质量第一的工程意识。

一、项目检测目的与要求

公路工程现场测定土基和路面材料的密度及压实度，适于测定细粒土及无机结合料稳定细粒土的密度，但对于无机结合料稳定细粒土，其龄期不宜超过2 d，且宜用于施工过程中的压实度检验。

二、项目检测仪器设备

(1)人工取土器：包括环刀、环盖、定向筒和击实锤系统(导杆、落锤、手柄)。

(2)天平：感量0.1 g或1.0 g。

(3)其他：镐、小铁锹、修土刀、毛刷、直尺、钢丝锯、凡士林、木板及测定含水率设备等。

三、项目检测方法与步骤

(一)准备工作

对检测对象试样用同种材料进行击实试验，得到最大干密度ρ_c及最佳含水率ω_0。

(二)试验步骤

(1)用人工取土器测定黏性土及无机结合料稳定细粒土密度的步骤。

(2)用人工取土器测定砂性土或砂层密度时的步骤。

(3)必须进行两次平行测定，其平行差值不得大于0.03 g/cm^3。

四、项目检测数据分析与判定

(1)分别计算试样的湿密度ρ及干密度ρ_d

$$\rho = \frac{4 \times (m_1 - m_2)}{\pi d^2 h} \qquad \rho_d = \frac{\rho}{1 + 0.01\omega}$$

(2)计算施工压实度

$$K = \frac{\rho_d}{\rho_c} \times 100\%$$

五、项目检测报告

试验报告应报告土的鉴别分类、含水率、湿密度、干密度、最大干密度、压实度等。

环刀法测定压实度试验检测记录表

检测单位：　　　　　　　　　　　　　　　　　　　　　　　　　　　　　　记录编号：

工程名称							合同段号									
施工/委托单位							公路等级									
监理单位							起讫桩号									
检测依据							规定值或允许偏差									
主要仪器设备及编号																
结构层次					保证率(%)			最佳含水率(%)					最大干密度(g/cm^3)			
测点桩号	测点位置	环刀号	环刀质量(g)	环刀容积(cm^3)	环刀+土质量(g)	湿土质量(g)	湿密度(g/cm^3)	含水率测定						干密度(g/cm^3)	压实度(%)	平均压实度(%)
								盒号	盒质量(g)	盒+湿土质量(g)	盒+干土质量(g)	含水率(%)	平均含水率(%)			
备注：																

检测：　　　　　　　　复核：　　　　　　　　　　　　　　　　日期：　　年　　月　　日

环刀法测定压实度试验检测报告

检测单位：　　　　　　　　　　　　　　　　　　　　报告编号：

工程名称						合同段号					
施工/委托单位						公路等级					
监理单位						起讫桩号					
检测依据						规定值或允许偏差					
判定依据						主要仪器设备及编号					
结构层次			保证率(%)				最佳含水率(%)			最大干密度(g/cm^3)	
测点桩号	测点位置	环刀号	环刀质量(g)	环刀容积(cm^3)	环刀+土质量(g)	湿土质量(g)	平均含水率(%)	湿密度(g/cm^3)	干密度(g/cm^3)	压实度(%)	平均压实度(%)
测点		平均值(%)		标准差		代表值(%)		合格率(%)			
检测结论：											

检测：　　　　审核：　　　　签发：　　　　日期：　　年　　月　　日

岗位任务 5　钻芯法测定沥青路面压实度

能力目标

1. 能够运用随机选点方法确定测定区间、测定断面测点的位置。
2. 能够运用钻芯法测定沥青路面的压实度。
3. 能够进行公路沥青路面压实度质量评定。

知识目标

1. 了解钻芯法检测仪器的构造及工作原理。
2. 掌握钻芯法测定沥青路面压实度的方法与步骤。
3. 掌握公路沥青路面压实度质量评定原则。

素质目标

培养坚持原则、忠于职守、作风正派、秉公办事的作风，要以数据说话；形成认真、严谨和科学的态度，具有较强的团队意识；树立质量第一的工程意识。

一、项目检测目的与要求

检验从压实的沥青路面上钻取的沥青混合料芯样试件的密度，以评定沥青面层的施工压实度。沥青混合料面层的施工压实度是指按规定方法采取的混合料试样的毛体积密度与标准密度之比，以百分率表示。

二、项目检测仪器设备

(1)路面取芯钻机。
(2)天平：感量不大于 0.1 g。
(3)水槽。
(4)吊篮。
(5)石蜡。
(6)其他：卡尺、毛刷、小勺、取样袋(容器)、电风扇。

三、项目检测方法与步骤

(1)准备工作。根据现行的《公路沥青路面施工技术规范》(JTG F40—2004)规定，确定计算压实度的标准密度。
(2)钻取芯样。
(3)测定试件密度。

四、项目检测数据分析与判定

(1)当计算压实度的标准密度采用每天试验室实测的马歇尔击实试件成型密度或试

验路段钻孔取样密度时，沥青面层的压实度计算式为

$$K = \frac{\rho_s}{\rho_0} \times 100\%$$

（2）当计算压实度的标准密度采用最大理论密度时，沥青面层的压实度计算式为

$$K = \frac{\rho_s}{\rho_t} \times 100\%$$

五、项目检测报告

试验报告应报告土的鉴别分类、含水率、湿密度、干密度、最大干密度和压实度等。

钻芯法测沥青面层压实度试验记录

检测单位：　　　　　　　　　　　　　　　　　　　　　　　　记录编号：

工程名称		合同段号	
施工/委托单位		公路等级	
监理单位		起讫桩号	
检测依据		试件描述	
主要仪器设备及编号			

取样桩号	取样位置	试件空中质量（g）	试件水中质量（g）	试件表干质量（g）	试件密度（g/cm^3）	标准密度（g/cm^3）	压实度（%）
备注：							

检测：　　　　　　　　　　复核：　　　　　　　　　　日期：　　　年　　月　　日

钻芯法测沥青面层压实度试验检测报告

检测单位：　　　　　　　　　　　　　　　　　　　　　　　　报告编号：

工程名称		合同段号	
施工/委托单位		公路等级	
监理单位		起讫桩号	
检测依据		判定依据	
试验描述		规定值或允许偏差	
主要仪器设备及编号			

测点桩号	取样地点	试件密度（g/cm^3）	标准密度（g/cm^3）	压实度（%）	备注

测点数	平均值	标准差	代表值	变异系数（%）	合格率（%）

检测结论：

备注：

检测：　　　　审核：　　　　签发：　　　　　　日期：　　　年　　月　　日

岗位任务6　核子密湿度仪测定压实度

能力目标

1. 能够运用随机选点方法确定测定区间、测定断面、测点的位置。
2. 能够运用核子密湿度仪测定路基路面的压实度。
3. 能够进行公路路基路面压实度质量评定。

知识目标

1. 了解核子密湿度仪的构造及工作原理。
2. 掌握核子密湿度仪测定路基路面压实度的方法与步骤。
3. 掌握公路路基路面压实度质量评定原则。

素质目标

培养坚持原则、忠于职守、作风正派、秉公办事的作风，要以数据说话；形成认真、严谨和科学的态度，具有较强的团队意识；树立质量第一的工程意识。

一、项目检测目的与要求

现场用核子密湿度仪以散射法或直接透射法测定路基或路面材料的密度和含水率，并计算施工压实度，其检测结果可作为工程质量评定与验收的依据，可用于检测土壤、碎石、土石混合物、沥青混合料和非硬化水泥混凝土等材料。

二、项目检测仪器设备

(1)核子密湿度仪：符合国家规定的关于健康保护和安全使用的标准。

(2)细砂：0.15～0.3 mm。

(3)天平或台秤。

(4)其他：毛刷等。

三、项目检测方法与步骤

(一)准备工作

(1)每天使用前或者对测试结果有怀疑的时候，应用标准计数块测定仪器的标准值。

(2)在进行沥青混合料压实层密度测定前，应用核子密湿度仪对钻孔取样的试件进行标定；测定其他材料密度时，宜与挖坑灌砂法的结果进行标定。

(3)测试位置的选择。

(二)试验步骤

(1)如用散射法测定，应将核子密湿度仪平稳地置于测试位置上。测点应随机选择，测定温度应与试验段测定时一致，一组不少于13点，取平均值，检测精度通过试验路段与钻孔试件比较评定。

(2)如用直接透射法测定,应将放射源棒放下,插入已预先打好的孔内。

(3)打开仪器,测试员退出仪器 2 m 以外,按照选定的测定时间进行测量,到达测定时间后,读取显示的各项数值,并迅速关机。

四、项目检测数据分析与判定

施工干密度和压实度计算式为

$$\rho_{\mathrm{d}} = \frac{\rho_{\mathrm{w}}}{1 + \omega} \qquad K = \frac{\rho_{\mathrm{d}}}{\rho_0} \times 100\%$$

五、项目检测报告

测定路面密度及压实度的同时,应记录温度、材料类型、路面的结构层厚度及测试深度等数据和资料。

核子密湿度仪法压实度试验记录表

检测单位： 记录编号：

合同段		取样地点		试验日期	
使用范围		试验方法编号			
核子密湿度仪编号		密度/水分标定系数		密度/水分修正系数	

测点桩号及位置	湿密度（g/cm^3）	含水率（%）	干密度（g/cm^3）	压实度（%）	最大干容重（g/cm^3）	最佳含水率（%）	层次	标高（m）	距路床顶面高（m）	要求压实度（%）

检测： 复核： 日期： 年 月 日

核子密湿度仪法压实度试验检测报告

检测单位：　　　　　　　　　　　　　　　　　　　　报告编号：

工程名称						合同段号	
施工/委托单位						公路等级	
监理单位						起讫桩号	
检测依据						规定值或允许偏差	
判定依据						主要仪器设备及编号	
最佳含水率(%)			最大干密度(g/cm^3)			层次	
测点桩号		取样位置		湿密度(%)		干密度(%)	压实度(%)
测点		平均值(%)		标准差		代表值(%)	
检测结论：							

检测：　　　　　审核：　　　　　签发：　　　　　　　　日期：　　年　　月　　日

岗位任务7　贝克曼梁法测定路基路面回弹弯沉值

能力目标

1. 能够运用随机选点法确定测定区间、断面及断面测点的位置。
2. 能够运用贝克曼梁法测定路基路面的回弹弯沉值。
3. 能够进行公路路基路面弯沉值的质量评定。

知识目标

1. 了解弯沉值基本概念,贝克曼梁法测定路基路面弯沉值的基本原理。
2. 掌握贝克曼梁法测定路基路面回弹弯沉值的方法与步骤。
3. 掌握公路路基路面弯沉值的质量评定原则。

素质目标

培养坚持原则、忠于职守、作风正派、秉公办事的作风,要以数据说话;形成认真、严谨和科学的态度,具有较强的团队意识;树立质量第一的工程意识。

一、项目检测目的与要求

(1)测定各类路基路面的回弹弯沉,用以评定其整体承载能力。

(2)沥青路面的弯沉值以路面温度 20 ℃时为准,在其他温度测试时,对厚度大于 5 cm 的沥青路面,弯沉值应予温度修正。

二、项目检测仪器设备

(1)标准车:应采用后轴 10 t、标准轴 BZZ－100 的汽车。

(2)路面弯沉仪:由贝克曼梁、百分表及表架组成,弯沉采用百分表量得,也可用自动记录装置测量。

(3)接触式路表温度计:端部为平头,分度不大于 1 ℃。

(4)其他:皮尺、口哨、白油漆或粉笔、指挥旗等。

三、项目检测方法与步骤

(一)准备工作

(1)检查并保持测定用标准车的车况及刹车性能良好,轮胎符合规定充气压力。

(2)向汽车车槽中装载重物(如铁块或集料),并在地磅上称量后轴质量,符合要求的轴重规定。汽车行驶及测定过程中,轴重不得变化。

(3)测定轮胎接地面积,精确至 0.1 cm^2。

(4)检查弯沉仪百分表,测量灵敏情况。

(5)当在沥青路面上测定时,用路表温度计测定试验时气温及路表温度(一天中气温不断变化,应随时测定),并通过气象台了解前 5 d 的平均气温(日最高气温与最低气温的平均值）。

（6）记录沥青路面修建或改建的材料、结构、厚度、施工及养护情况。

（二）试验步骤

（1）在测试路段布置测点，其距离随测试需要而定。测点应在路面行车车道的轮迹带上，并用白油漆或粉笔画上标记。

（2）将试验车后轮轮隙对准测点后 3 ~5 cm 的位置。

（3）将弯沉仪插入汽车后轮之间的缝隙处，与汽车方向一致，梁臂不得碰到轮胎，弯沉仪测头置于测点上（轮隙中心前方 3 ~5 cm），并安装百分表于弯沉仪的测定杆上，百分表调零。

（4）测定者吹口哨发令指挥汽车缓缓前进，当表针转动到最大值时，迅速读取初读数 L_1。待汽车驶出弯沉影响半径（3 m 以上）后，停止前进。待表针回转稳定后，在此读取终读数 L_2。汽车前进的速度宜为 5 km/h 左右。

四、项目检测数据分析与判定

（1）路面测点的回弹弯沉值计算

$$L_T = (L_1 - L_2) \times 2$$

（2）弯沉仪支点变形修正，路面测点回弹弯沉值计算

$$L_T = (L_1 - L_2) \times 2 + (L_3 - L_4) \times 6$$

（3）沥青面层厚度大于 5 cm 的路面，回弹弯沉值温度修正及计算。

①测定时的沥青层平均温度

$$T = \frac{T_{25} + T_{\mathrm{m}} + T_{\mathrm{e}}}{3}$$

②沥青路面回弹弯沉计算

$$L_{20} = L_T \times K$$

（4）计算每一个评定路段的代表弯沉值

$$L_{\mathrm{r}} = \bar{L} + Z_\alpha S$$

五、项目检测报告

（1）弯沉测定表、支点变形修正值，测定时的路面温度及温度修正值。

（2）每一个评定路段的各测点弯沉的平均值、标准差及弯沉代表值。

路基路面回弹弯沉检测记录表(贝克曼梁法)

检测单位：　　　　　　　　　　　　　　　　　　　　　　　　记录编号：

工程名称		合同段号	
施工/委托单位		公路等级	
监理单位		起讫桩号	
检测依据		检测环境	
面层厚度设计值(cm)		设计弯沉值(0.01 mm)	
主要仪器设备及编号			

测点桩号	幅位(车道)：				测点桩号	幅位(车道)：			
	左车轮(0.01 mm)		右车轮(0.01 mm)			左车轮(0.01 mm)		右车轮(0.01 mm)	
	初读数	终读数	初读数	终读数		初读数	终读数	初读数	终读数

检测：　　　　　　　　　　　复核：　　　　　　　　　　　日期：　　　年　　月　　日

路基路面弯沉试验检测报告(贝克曼梁法)

检测单位：　　　　　　　　　　　　　　　　　　　　　　报告编号：

工程名称		合同段号	
施工/委托单位		公路等级	
监理单位		起讫桩号	
检测依据		判定依据	
面层厚度设计值(cm)		设计弯沉值(0.01 mm)	
检测环境			
主要仪器设备及编号			

序号	桩号	幅位(车道)	平均值(0.01 mm)	均方差(0.01 mm)	代表弯沉值(0.01 mm)
		左幅行车道			
		右幅行车道			
		左幅行车道			
		右幅行车道			
		左幅行车道			
		右幅行车道			
		左幅行车道			
		右幅行车道			
		左幅行车道			
		右幅行车道			
		左幅行车道			
		右幅行车道			
		左幅行车道			
		右幅行车道			
		左幅行车道			
		右幅行车道			

检测点数		平均弯沉值(0.01 mm)		代表弯沉值(0.01 mm)	
检测结论：					
备注：					

检测：　　　　审核：　　　　签发：　　　　　　日期：　　　年　　月　　日

岗位任务 8　自动弯沉仪测定路面弯沉值

能力目标

1. 能够运用随机选点方法确定测定区间、断面及断面测点的位置。
2. 能够运用自动弯沉仪测定路基路面的回弹弯沉值。
3. 能够进行公路路基路面弯沉值的质量评定。

知识目标

1. 了解自动弯沉仪测定路基路面弯沉值的基本原理。
2. 掌握自动弯沉仪测定路基路面回弹弯沉值的方法与步骤。
3. 掌握公路路基路面弯沉值的质量评定原则。

素质目标

培养坚持原则、忠于职守、作风正派、秉公办事的作风，要以数据说话；形成认真、严谨和科学的态度，具有较强的团队意识；树立质量第一的工程意识。

一、项目检测目的与要求

(1)自动弯沉仪在无严重坑槽、车辙等病害的正常通车条件下每隔一定距离连续测试路面的总弯沉值，并计算总弯沉值的平均值。

(2)作为新建、改建路面工程质量验收依据。

(3)自动弯沉仪数据采集、传输、记录和处理分别由专用软件自动进行控制。

二、项目检测仪器设备

自动弯沉仪测定车由承载车、测量机架及控制系统、位移、温度和距离传感器、数据采集和处理系统等基本部分组成。

三、项目检测方法与步骤

(一)准备工作

(1)位移传感器标定。

(2)检查承载车轮胎气压。

(3)检测承载车轮载。

(4)检查测量架的易损部件情况，及时更换损坏部件。

(5)打开设备电源进行检查，控制面板功能键、指示灯、显示器等应正常。

(6)开动承载车试测 2 ~ 3 个步距，观察测试机构，测试机构应正常，否则需要调整。

(二)测试步骤

(1)测试系统在开始测试前需要通电预热，并开启工程警灯和导向标等警告标志。

(2)在测试路段前 20 m 处将测量架放落在路面上，并检查各机构的部件情况。

(3)操作人员设置完毕所需的测试状态。

(4)驾驶员缓慢加速承载车到正常测试速度,沿正常行车轨迹驶入测试路段。

(5)测试人员将测试路段起终点、桥涵等特殊位置的桩号输入记录数据中。

(6)当测试车辆驶出测试路段后,操作人员停止数据采集和记录,并恢复仪器各部分至初始状态,驾驶员缓慢停止承载车,提起测量架。

(7)操作人员检查数据文件,文件应完整,内容应正常,否则需要重新测试。

(8)关闭测试系统电源,结束测试。

四、项目检测数据分析与判定

(1)采用自动弯沉仪采集路面弯沉盆峰值数据。

(2)数据组中左臂测值、右臂测值按单独弯沉处理。

(3)对原始弯沉测试数据进行温度、坡度、相关性等修正。

五、项目检测报告

测试报告中应该包括以下内容:

(1)弯沉的平均值、标准差、代表值,测试时的路面温度及温度修正值。

(2)自动弯沉仪测值与贝克曼梁法测值的相关关系式及相关系数。

路面弯沉检测记录表

检测单位：　　　　　　　　　　　　　　　　　　　　　　　　记录编号：

工程名称/部位		委托/任务编号	
检测项目		委托单位	
合同段		监理单位	
检测环境		检测依据	
面层厚度设计值(mm)		弯沉设计值(0.01 mm)	
仪器设备及编号			

序号	文件名	起点桩号	终点桩号	空气温度（℃）	地面温度（℃）	测试方向及车道	备注

检测：　　　　　　　　　　复核：　　　　　　　　　　日期：　　　　年　　月　　日

路面自动弯沉仪检测报告

检测单位：　　　　　　　　　　　　　　　　　　　　　　　　报告编号：

工程名称		合同段号	
施工/委托单位		公路等级	
监理单位		起讫桩号	
检测依据		设计弯沉值(0.01 mm)	
判定依据		主要仪器设备及编号	

桩号	检测车道	左侧均值(0.01 mm)	左侧标准差(0.01 mm)	左侧代表弯沉值(0.01 mm)	右侧均值(0.01 mm)	右侧标准差(0.01 mm)	右侧代表弯沉值(0.01 mm)

检测结论：
备注：

检测：　　　　　审核：　　　　　签发：　　　　　日期：　　　年　　月　　日

岗位任务9　现场测试土基 *CBR* 值

能力目标

1. 能够现场测定土基 *CBR* 值。
2. 能够进行公路土基承载力质量评定。

知识目标

1. 了解土基现场 *CBR* 值测定方法与原理。
2. 熟悉土基现场 *CBR* 值测定步骤。
3. 掌握测试数据处理与质量评定原则。

素质目标

培养坚持原则、忠于职守、作风正派、秉公办事的作风，要以数据说话；形成认真、严谨和科学的态度，具有较强的团队意识；树立质量第一的工程意识。

一、项目检测目的与要求

(1)在公路现场测定各种土基材料的现场 *CBR* 值，同时也适用于基层、底基层砂类土、天然砂砾、级配碎石等材料 *CBR* 值的测定。

(2)所用试样的最大集料粒径宜小于 19.0 mm，最大不得超过 31.5 mm。

二、项目检测仪器设备

(1)荷重装置：载重汽车，后轴重不小于 60 kN，设有一加劲横梁作反力架用。

(2)现场测试装置：由千斤顶、测力计及球座组成。

(3)贯入杆：直径 50 mm、长约 200 mm 的金属圆柱体。

(4)承载板：每块 1.25 kg，直径 150 mm，中心孔眼直径 52 mm，并沿直径分为两个半圆。

(5)贯入量测定装置：由平台及百分表组成。此设备也可用两台贝克曼梁弯沉仪代替。

(6)细砂：洁净干燥的细干砂，粒径为 0.3 ~ 0.6 mm。

(7)其他：铁铲、盘、直尺、毛刷、天平等。

三、项目检测方法与步骤

(一)准备工作

(1)将试验地点直径约 30 cm 范围的表面找平，用毛刷刷净浮土。

(2)装置测试设备。

(3)安装贯入量测定装置，将支架平台、百分表(或两台贝克曼梁弯沉仪)安装好。

(二)测试步骤

(1)在贯入杆位置安放4块1.25 kg的分开成半圆的承载板(共5 kg)。

(2)试验贯入前,先施加45 N荷载,将测力计及贯入量百分表调零,记录初始读数。

(3)启动千斤顶,使贯入杆以1 mm/min的速度压入土基,当相应贯入量为0.5 mm、1.0 mm、1.5 mm、2.0 mm、2.5 mm、3.0 mm、4.0 mm、5.0 mm、10.0 mm及11.5 mm时,分别读取测力计读数。根据情况,也可在贯入量达6.5 mm时结束试验。

用千斤顶连续加载,两个贯入量百分表及测力计均应在同一时刻读数。当两个百分表读数差值不超过平均值的30%时,以其平均值作为贯入量;当两个百分表读数差值超过平均值的30%时,应停止试验。

(4)卸除荷载,移去测定装置。

(5)在试验点下取样,测定材料含水率。

(6)在紧靠试验点旁边的适当位置,用灌砂法或环刀法等测定土基的密度。

四、项目检测数据分析与判定

(1)将贯入试验得到的各等级荷载数除以贯入断面面积(19.625 cm^2),得各级压强(MPa),绘制荷载压强—贯入量关系曲线。

(2)从压强—贯入量关系曲线上读取贯入量为2.5 mm及5.0 mm时的荷载压强 P_1,按公式计算现场 *CBR* 值。*CBR* 值一般以贯入量2.5 mm时的测定值为准,当贯入量为5.0 mm时的 *CBR* 值大于贯入量为2.5 mm时的 *CBR* 值时,应重新试验。如重新试验仍然如此,则以贯入量为5.0 mm时的 *CBR* 值为准。

$$CBR(\%) = \frac{P_1}{P_0} \times 100\%$$

五、项目检测报告

(1)土基含水率(%)。

(2)测点的干密度(g/cm^3)。

(3)现场 *CBR* 值及相应的贯入量。

土基现场 *CBR* 值试验检测记录表

检测单位：　　　　　　　　　　　　　　　　　　　　记录编号：

工程名称						合同段号				
施工/委托单位						公路等级				
监理单位						样品描述				
试验依据						规定值或允许偏差				
主要仪器设备及编号										
结构层类型			路基干湿状况			前后轴间距(m)			后轴重(kN)	
测试车型			天气情况			承载板直径(cm)			泊松比	
测点桩号			弯沉仪杠杆比			加筋小梁与后轴间距(mm)				
千斤顶读数	荷载 P (kN)	承载板压力 P(MPa)	百分表读数－左(0.01 mm)			百分表读数－右(0.01 mm)			E_i(MPa)	
			加载前	加载后	卸载后	加载前	加载后	卸载后		
取走千斤顶										
车离开 10 m 外										
总影响量 a										
计算回弹模量 E_0 值(MPa)										
备注：										

检测：　　　　　　　　　　复核：　　　　　　　　　　日期：　　年　　月　　日

土基现场 *CBR* 值试验检测报告

检测单位：　　　　　　　　　　　　　　　　　　　　　　报告编号：

工程名称		合同段号			
施工/委托单位		公路等级			
监理单位		样品描述			
试验依据		规定值或允许偏差			
判定依据		主要仪器设备及编号			
测试车车型		前后轴间距(m)			
测试车后轴总重(kN)		承载板直径(cm) *D*		泊松比 μ	
结构层种类		结构层干湿状况			

千斤顶读数	荷载 *P* (kN)	承载板压力 *P* (MPa)	百分表读数(0.01 mm)			总变形 (0.01 mm)	回弹变形 (0.01 mm)	分级影响量 (0.01 mm)	计算回弹变形 (0.01 mm)	回弹模量 E_i (MPa)
			加载前	加载后	卸载后					

总影响量 *a*	
计算回弹模量 E_0 值(MPa)	
检测结论：	
备注：	

检测：　　　　审核：　　　　签发：　　　　　　日期：　　　　年　　月　　日

岗位任务10　3 m 直尺测定平整度

能力目标

1. 能运用 3 m 直尺测定路面平整度。
2. 能够进行平整度检测数据处理与质量评定。

知识目标

1. 了解3 m 直尺测定平整度方法、原理。
2. 掌握3 m 直尺测定平整度的步骤。
3. 掌握3 m 直尺测定平整度数据的处理方法与质量评定原则。

素质目标

培养坚持原则、忠于职守、作风正派、秉公办事的作风,要以数据说话;形成认真、严谨和科学的态度,具有较强的团队意识;树立质量第一的工程意识。

一、项目检测目的与要求

(1)用3 m 直尺测定路面的平整度,距离路面的最大间隙为路基路面的平整度,以 mm 计。

(2)测定压实成型的路表面的平整度,以评定路面的施工质量,路基表面成型后的施工平整度检测。

二、项目检测仪器设备

(1)3 m 直尺。

(2)楔形塞尺。

(3)其他:皮尺或钢尺,粉笔等。

三、项目检测方法与步骤

(一)准备工作

(1)按有关规范规定选择测试路段。

(2)选择测试路段的测试地点。

(3)清扫路面测定位置处的污物。

(二)测试步骤

(1)施工过程中检测时,根据需要确定的方向,将 3 m 直尺摆在测试地点的路面上。

(2)目测 3 m 直尺底面与路面之间的间隙情况,确定最大间隙的位置。

(3)用有高度标线的塞尺塞进间隙处,量测其最大间隙的高度(m),精确至 0. 2 mm。

四、项目检测数据分析与判定

(1)单杆检测路面的平整度计算,以 3 m 直尺基准面距离路面的最大间隙表示路基路面的平整度。

(2)连续测定10尺时,判断每个测定值是否合格,根据要求计算合格百分率,并计算10个最大间隙的平均值。

五、项目检测报告

单尺检测应随时记录测试位置及检测结果。

连续测定10尺时,应报告平均值、不合格尺数、合格率。

路基路面平整度检测记录表(3 m 直尺法)

检测单位： 记录编号：

工程名称						合同段号						
施工/委托单位						公路等级						
监理单位						起讫桩号						
检测依据						规定值或允许偏差						
主要仪器设备及编号												
测试结果(mm)												
桩号	位置	1	2	3	4	5	6	7	8	9	10	平均值
备注：												

检测： 复核： 日期： 年 月 日

路基路面平整度检测报告(3 m 直尺法)

检测单位： 报告编号：

工程名称		合同段号	
施工/委托单位		公路等级	
监理单位		起讫桩号	
检测依据		规定值或允许偏差	
判定依据		主要仪器设备及编号	

测试结果(mm)

桩号	位置	1	2	3	4	5	6	7	8	9	10	平均值

平均值： 不合格尺数： 合格率(%)：

检测结论：

备注：

检测： 审核： 签发： 日期： 年 月 日

岗位任务 11　连续式平整度仪测定平整度

能力目标

1. 能运用连续式平整度仪测定路面平整度。
2. 能够进行平整度检测数据处理与质量评定。

知识目标

1. 了解连续式平整度仪测定平整度的方法、原理。
2. 掌握连续式平整度仪测定平整度的步骤。
3. 掌握连续式平整度仪测定平整度数据的处理方法与质量评定原则。

素质目标

培养坚持原则、忠于职守、作风正派、秉公办事的作风，要以数据说话；形成认真、严谨和科学的态度，具有较强的团队意识；树立质量第一的工程意识。

一、项目检测目的与要求

(1)用连续式平整度仪测定路面不平整度的标准差 σ，表示路面的平整度，以 mm 计。

(2)测定路面的平整度，评定路面的施工质量和使用质量，但不适用于在已有较多坑槽、破损严重的路面上测定。

二、项目检测仪器设备

(1)连续式平整度仪。

(2)牵引车：小面包车或其他小型牵引汽车。

(3)皮尺或测绳。

三、项目检测方法与步骤

(一)准备工作

(1)选择测试路段。

(2)当为施工工程中质量检测需要时，测试地点根据需要确定；当为路面工程质量检查验收或进行路况评定需要时，通常以行车道一侧车轮轮迹带作为连续测定的标准位置。

(3)清扫路面测定位置处的杂物。

(4)检查仪器检测箱各部分是否完好、灵敏，并将各连接线接好，安装记录设备。

(二)测试步骤

(1)将连续式平整度仪置于测试路段路面起点上。

(2)在牵引汽车的后部，将连续式平整度仪与牵引车连接好，按照仪器使用手册一次完成各项操作。

(3)启动牵引车，沿道路纵向行驶，横向位置保持稳定。

(4)确认连续式平整度仪工作正常。牵引车的速度宜为 5 km/h,最大不得超过 12 km/h。

四、项目检测数据分析与判定

连续式平整度仪测定后,按每 10 cm 间距采集的位移值自动计算每 100 m 计算区间的平整度标准差(mm),还可记录测试长度(m)。

每一计算区间的路面平整度以该区间测定结果的标准差表示,按下式计算

$$\sigma_i = \sqrt{\frac{\sum d_i^2 - \frac{\left(\sum d_i\right)^2}{N}}{N-1}}$$

计算每一个评定路段内各区间平整度的平均值、标准差、变异系数及合格率。

五、项目检测报告

试验应列表报告每一个评定路段内各测定区间的平整度标准差,各评定路段平整度的平均值、标准差、变异系数及不合格区间数。

路面平整度检测记录表

检测单位：　　　　　　　　　　　　　　　　　　　　　　　　　　记录编号：

工程名称		合同段号	
施工/委托单位		公路等级	
监理单位		起讫桩号	
检测依据		规定值或允许偏差	
仪器设备及编号			

序号	文件名	起点桩号	终点桩号	测试方向	车道	测试里程（km）	备注

检测：　　　　　　　　　　　　复核：　　　　　　　　　　　　日期：　　　年　　月　　日

路面平整度检测报告

检测单位：　　　　　　　　　　　　　　　　　　　　　　　　　　报告编号：

工程名称				合同段号			
施工/委托单位				公路等级			
监理单位				起讫桩号			
检测依据				规定值或允许偏差			
仪器设备及编号							
序号	文件名	起点桩号	终点桩号	测试方向	车道	测试里程（km）	备注
检测结论：							
备注：							

检测：　　　　审核：　　　　签发：　　　　　　日期：　　　年　　月　　日

岗位任务 12　车载式颠簸累积仪测定平整度

能力目标

1. 能运用车载式颠簸累积仪测定路面平整度。
2. 能够进行平整度检测数据处理与质量评定。

知识目标

1. 了解车载式颠簸累积仪测定平整度的方法、原理。
2. 掌握车载式颠簸累积仪测定平整度的步骤。
3. 掌握车载式颠簸累积仪测定平整度数据的处理方法与质量评定原则。

素质目标

培养坚持原则、忠于职守、作风正派、秉公办事的作风,要以数据说话;形成认真、严谨和科学的态度,具有较强的团队意识;树立质量第一的工程意识。

一、项目检测目的与要求

(1)用车载式颠簸累积仪测量车辆在路面上通行时后轴与车厢之间的单向位移累积值 *VBI*,表示路面的平整度,以 cm/km 计。

(2)用于测定路面表面的平整度,评定路面的施工质量和使用期的舒适性,但不适用于在已有较多坑槽、破损严重的路面上测定。

二、项目检测仪器设备

测试系统由承载车辆、距离测量装置、颠簸累计值测试装置和主控制系统组成。

三、项目检测方法与步骤

(一)准备工作

(1)测试车辆检查及相关标定。

(2)距离测量系统需要现场安装的,应确保紧固装置安装牢固。

(3)检查测试系统,各部分应符合测试要求,不应有明显的可视性破损。

(4)打开系统电源,启动控制程序,检查系统各部分的工作状态。

(二)测试步骤

(1)测试开始之前应让测试车以测试速度行驶 5 ~ 10 km,按照规定对测试系统进行预热。

(2)测试车停在测试起点前 300 ~ 500 m 处,启动平整度测试系统程序,按规定设置所需的测试状态。

(3)保持车速在规定的测试速度范围内,沿正常行车轨迹驶入测试路段。

(4)进入测试路段后,测试人员启动系统的采集和记录程序,及时准确地输入测试路段的起终点和其他需要特殊标记点的位置。

(5)当测试车辆驶出测试路段后,停止数据采集和记录,并恢复仪器各部分至初始状态。

(6)操作人员检查数据文件,文件应完整,内容应正常,否则需要重新测试。

(7)关闭测试系统电源,结束测试。

四、项目检测数据分析与判定

用数理统计的方法将各标定路段的 *IRI* 值和相应的颠簸累积仪测值进行回归分析,建立相关关系方程式,相关系数不得小于0.99。

$$IRI = a + bVBI_v$$

五、项目检测报告

(1)报告应列表报告每一个评定路段内各测试区间的颠簸累积值 *VBI*、国际平整度指数 *IRI* 平均值和现场测试速度。

(2)试验结果与国际平整度指数等其他平整度指标建立的相关关系式、参数值、相关系数。

路面平整度检测记录表

检测单位：　　　　　　　　　　　　　　　　　　　　　　　　　　　　　记录编号：

工程名称				合同段号			
施工/委托单位				公路等级			
监理单位				起讫桩号			
检测依据				规定值或允许偏差			
仪器设备及编号							
序号	文件名	起点桩号	终点桩号	测试方向	车道	测试里程（km）	备注

检测：　　　　　　　　　　　复核：　　　　　　　　　　　日期：　　　年　　月　　日

路面平整度检测报告

检测单位：　　　　　　　　　　　　　　　　　　　　　　　　报告编号：

工程名称		合同段号	
施工/委托单位		公路等级	
监理单位		起讫桩号	
检测依据		规定值或允许偏差	
仪器设备及编号			

序号	文件名	起点桩号	终点桩号	测试方向	车道	测试里程（km）	备注

检测结论：

备注：

检测：　　　　审核：　　　　签发：　　　　日期：　　年　　月　　日

岗位任务 13　手工铺砂法测定路面构造深度

能力目标

1. 能够熟练地使用人工铺砂仪。
2. 能够进行手工铺砂法测定路面的构造深度。
3. 能够进行路面抗滑性能检测数据处理与质量评定。

知识目标

1. 了解手工铺砂法测定构造深度的方法、原理。
2. 掌握手工铺砂法测定构造深度的步骤。
3. 掌握手工铺砂法测定构造深度数据的处理方法与质量评定原则。

素质目标

培养坚持原则、忠于职守、作风正派、秉公办事的作风，要以数据说话；形成认真、严谨和科学的态度，具有较强的团队意识；树立质量第一的工程意识。

一、项目检测目的与要求

测定沥青路面及水泥混凝土路面表面的构造深度，用以评定路面表面的宏观构造。检测频率为每 200 m 测一处。

二、项目检测仪器设备

(1)人工铺砂仪：由量砂筒、推平板和刮平尺组成。
(2)量砂：足够数量的干燥、洁净的均匀砂，粒径为 0.15 ~0.3 mm。
(3)量尺：钢板尺、钢卷尺。
(4)其他：装砂容器(小铲)、扫帚或毛刷、挡风板等。

三、项目检测方法与步骤

(一)准备工作

(1)量砂准备：取洁净的细砂，晾干过筛，取 0.15 ~0.3 mm 的砂置于适当的容器中备用。

(2)选择测点：测点应选在车道的轮迹带上，距路面边缘不应小于 1 m。

(二)测试步骤

(1)清扫现场：用扫帚或毛刷子将测点附近的路面清扫干净，面积不小于 30 cm × 30 cm。

(2)装砂：用小铲装砂，沿筒壁向圆筒中注满砂。

(3)铺砂：将砂倒在路面上，用底面粘有橡胶片的推平板，由里向外重复作旋转摊铺运动，稍稍用力将砂细心地、尽可能地向外摊开，使砂填入凹凸不平的路表面的空隙中，尽可能将砂摊成圆形，并不得在表面上留有浮动余砂。

（4）测直径：用钢板尺测量所构成圆的两个垂直方向的直径，取其平均值，精确至 5 mm。

（5）按以上方法，同一处平行测定不少于 3 次，3 个测点均位于轮迹带上，测点间距 3～5 m。

四、项目检测数据分析与判定

（1）路面表面构造深度测定结果按下式计算

$$TD = \frac{1\ 000V}{\pi D^2/4} = \frac{31\ 831}{D^2}$$

（2）每一处均取 3 次路面构造深度的测定结果的平均值作为试验结果，精确至 0.01 mm。

（3）计算每一个评定区间路面构造深度的平均值、标准差、变异系数。

五、项目检测报告

（1）列表逐点报告路面构造深度的测定值及 3 次测定的平均值，当平均值小于 0.2 mm 时，试验结果以小于 0.2 mm 表示。

（2）每一个评定区间路面构造深度的平均值、标准差、变异系数。

路面构造深度试验检测记录表

检测单位：　　　　　　　　　　　　　　　　　　　　　　　　　　　　记录编号：

工程名称						合同段号					
施工/委托单位						公路等级					
监理单位						起讫桩号					
试验依据						规定值或允许偏差(mm)					
主要仪器设备及编号											
里程桩号	位置	实测值(mm)									
		1	2	平均值	1	2	平均值	1	2	平均值	3 次平均值
备注：											

检测：　　　　　　　　　　复核：　　　　　　　　　　日期：　　　　年　　月　　日

路面构造深度试验检测报告

检测单位：　　　　　　　　　　　　　　　　　　　　　　　　报告编号：

工程名称		合同段号	
施工/委托单位		公路等级	
监理单位		起讫桩号	
试验依据		判定依据	
规定值或允许偏差			
主要仪器设备及编号			

里程桩号	左幅轮迹带(mm)				右幅轮迹带(mm)				标准值(mm)	备注
	1	2	3	平均值	1	2	3	平均值		

平均值：	标准差：	变异系数：	试验点数：
试验结论：			
备注：			

检测：　　　　　　审核：　　　　　　签发：　　　　　　　　日期：　　　　年　　月　　日

岗位任务 14　电动铺砂法测定路面构造深度

能力目标

1. 能够熟练地使用电动铺砂仪。
2. 能够进行电动铺砂法测定路面构造深度。
3. 能够进行路面抗滑性能检测数据处理与质量评定。

知识目标

1. 了解电动铺砂法测定构造深度的方法、原理。
2. 掌握电动铺砂法测定构造深度的步骤。
3. 掌握电动铺砂法测定构造深度数据的处理方法与质量评定原则。

素质目标

培养坚持原则、忠于职守、作风正派、秉公办事的作风，要以数据说话；形成认真、严谨和科学的态度，具有较强的团队意识；树立质量第一的工程意识。

一、项目检测目的与要求

测定沥青路面及水泥混凝土路面表面构造深度，用以评定路面表面的宏观构造。

二、项目检测仪器设备

（1）电动铺砂仪：利用可充电的直流电源将量砂通过砂漏铺设成宽度 5 cm、厚度均匀一致的器具。

（2）量砂：足够数量的干燥、洁净的均匀砂，粒径为 0.15 ~ 0.3 mm。

（3）标准量筒：容积 50 mL。

（4）玻璃板：面积大于铺砂器，厚 5 mm。

（5）其他：直尺、扫帚、毛刷等。

三、项目检测方法与步骤

（一）准备工作

（1）量砂准备：取洁净的细砂，晾干过筛，取 0.15 ~ 0.3 mm 的砂置于适当的容器中备用。

（2）选择测点：测点应选在车道的轮迹带上，距路面边缘应不小于 1 m。

（二）电动铺砂器标定

（1）将铺砂器平放在玻璃板上，将砂漏移至铺砂器端部。

（2）灌砂漏斗口和量筒口大致齐平，使量筒中灌入容积为 50 mL 的量砂。

（3）将砂通过漏斗均匀倒入砂漏，漏斗前后移动，使砂的表面大致齐平，不得用任何其他工具刮动砂。

(4)开动电动机使砂漏向另一端缓缓运动,量砂沿砂漏底部铺成宽 5 cm 的带状,待砂全部漏完后停止。

(5)计算量砂的摊铺长度 L_0,精确至 1 mm。

(6)重复标定 3 次,取平均值,精确至 1 mm。

(三)测试步骤

(1)将测试地点用毛刷刷净,面积大于铺砂仪。

(2)将铺砂仪沿道路纵向平稳地放在路面上,将砂漏移至端部。

(3)按电动铺砂仪标定过程中(2)~(5)相同的步骤,在测试地点摊铺 50 mL 量砂,计算摊铺长度 L_1 及 L_2,并计算 L,精确至 1 mm。

(4)按以上方法,同一处平行测定不少于 3 次,3 个测点均位于轮迹带上,测点间距 3 ~5 m。

四、项目检测数据分析与判定

(1)按下式计算铺砂仪在玻璃板上摊铺的量砂厚度 t_0

$$t_0 = \frac{V}{BL_0} \times 1\,000 = \frac{1\,000}{L_0}$$

(2)按下式计算路面构造深度 TD

$$TD = \frac{L_0 - L}{L} \times t_0 = \frac{L_0 - L}{L \times L_0} \times 1\,000$$

(3)每一处均取 3 次路面构造深度测定结果的平均值作为试验结果,精确至 0.1 mm。

(4)计算每一个评定区间路面构造深度的平均值、标准差、变异系数。

五、项目检测报告

(1)列表逐点报告路面构造深度的测定值及 3 次测定的平均值,当平均值小于 0.2 mm时,试验结果以小于 0.2 mm 表示。

(2)每一个评定区间路面构造深度的平均值、标准差、变异系数。

电动铺砂法测定路面构造深度试验记录表

检测单位： 记录编号：

项目名称		施工单位		施工日期	
合同段		监理单位			
单位工程		检验单位		检测日期	
分部工程		工程部位			
分项工程		桩号范围			
检测层位		构造深度设计值(mm)		从	到
检测仪器		玻璃板上 50 mL 量砂摊铺的长度 L_0(mm)			

桩号	位置	量砂摊铺长度(mm)			构造深度(mm)	平均构造深度(mm)
		L_1	L_2	L		

备注：

检测： 复核： 日期： 年 月 日

电动铺砂法测定路面构造深度试验报告

检测单位：　　　　　　　　　　　　　　　　　　　　报告编号：

<table>
<tr><td>项目名称</td><td colspan="2"></td><td>施工单位</td><td colspan="2"></td><td rowspan="2">施工日期</td><td rowspan="2"></td></tr>
<tr><td>合同段</td><td colspan="2"></td><td>监理单位</td><td colspan="2"></td></tr>
<tr><td>单位工程</td><td colspan="2"></td><td>检验单位</td><td colspan="2"></td><td>检测日期</td><td></td></tr>
<tr><td>分部工程</td><td colspan="3"></td><td>工程部位</td><td colspan="3"></td></tr>
<tr><td>分项工程</td><td colspan="3"></td><td>桩号范围</td><td colspan="3"></td></tr>
<tr><td>检测层位</td><td colspan="3"></td><td colspan="2">构造深度设计值(mm)</td><td colspan="2">从　　　　到</td></tr>
<tr><td>检测仪器</td><td colspan="3"></td><td colspan="3">玻璃板上 50 mL 量砂摊铺的长度 L_0(mm)</td><td></td></tr>
<tr><td rowspan="2">桩号</td><td rowspan="2">位置</td><td colspan="3">量砂摊铺长度(mm)</td><td rowspan="2">构造深度(mm)</td><td rowspan="2" colspan="2">平均构造深度(mm)</td></tr>
<tr><td>L_1</td><td>L_2</td><td>L</td></tr>
<tr><td rowspan="3"></td><td></td><td></td><td></td><td></td><td></td><td rowspan="3" colspan="2"></td></tr>
<tr><td></td><td></td><td></td><td></td><td></td></tr>
<tr><td></td><td></td><td></td><td></td><td></td></tr>
<tr><td rowspan="3"></td><td></td><td></td><td></td><td></td><td></td><td rowspan="3" colspan="2"></td></tr>
<tr><td></td><td></td><td></td><td></td><td></td></tr>
<tr><td></td><td></td><td></td><td></td><td></td></tr>
<tr><td rowspan="3"></td><td></td><td></td><td></td><td></td><td></td><td rowspan="3" colspan="2"></td></tr>
<tr><td></td><td></td><td></td><td></td><td></td></tr>
<tr><td></td><td></td><td></td><td></td><td></td></tr>
<tr><td rowspan="3"></td><td></td><td></td><td></td><td></td><td></td><td rowspan="3" colspan="2"></td></tr>
<tr><td></td><td></td><td></td><td></td><td></td></tr>
<tr><td></td><td></td><td></td><td></td><td></td></tr>
<tr><td rowspan="3"></td><td></td><td></td><td></td><td></td><td></td><td rowspan="3" colspan="2"></td></tr>
<tr><td></td><td></td><td></td><td></td><td></td></tr>
<tr><td></td><td></td><td></td><td></td><td></td></tr>
<tr><td>结论</td><td colspan="7"></td></tr>
</table>

检测：　　　　审核：　　　　签发：　　　　　　　日期：　　　年　　月　　日

岗位任务 15　摆式仪测定路面摩擦系数

能力目标

1. 能运用摆式仪测定路面摩擦系数。
2. 能够进行路面抗滑性能(摩擦系数)检测数据处理与质量评定。

知识目标

1. 了解摆式仪测定摩擦系数的方法、原理。
2. 掌握摆式仪测定摩擦系数的步骤。
3. 掌握摆式仪测定摩擦系数数据的处理方法与质量评定原则。

素质目标

培养坚持原则、忠于职守、作风正派、秉公办事的作风,要以数据说话;形成认真、严谨和科学的态度,具有较强的团队意识;树立质量第一的工程意识。

一、项目检测目的与要求

摆式摩擦系数测定仪测定沥青路面、标线或其他材料试件的抗滑值,用以评定路面或路面材料试件在潮湿状态下的抗滑能力。检测频率为每 200 m 测一处。

二、项目检测仪器设备

(1)摆式仪。
(2)橡胶片。
(3)标准量尺:长 126 mm。
(4)喷水壶。
(5)硬毛刷。
(6)路面温度计:分度不大于 1 ℃。
(7)其他:扫帚、记录表格等。

三、项目检测方法与步骤

(一)准备工作

(1)检查摆式仪的调零灵敏情况,并定期进行仪器的标定。
(2)在横断面上测点应选在行车道的轮迹带上,距路面边缘应不小于 1 m。

(二)测试步骤

(1)清洁路面:用扫帚或其他工具将测点附近的路面清扫干净。
(2)仪器调平:摆的摆动方向与行车方向一致,转动底座上的调平螺栓,使水准泡居中。
(3)调零:调零允许误差为 ±1*BPN*。

(4)校核滑动长度。

四、项目检测数据分析与判定

当路面温度为 T(℃)时,测得的摆值 BPN_T 必须按下式换算成标准温度 20 ℃的摆值 BPN_{20}。

$$BPN_{20} = BPN_T + \Delta BPN$$

五、项目检测报告

(1)路面单点测定值 BPN_T 经温度修正后的 BPN_{20}、现场温度及 3 次的平均值。

(2)评定路段路面抗滑值的平均值、标准差、变异系数。

路面摩擦系数试验检测记录表(摆式仪法)

检测单位：　　　　　　　　　　　　　　　　　　　　　　　记录编号：

工程名称/部位		委托/任务编号	
施工/委托单位		合同段	
监理单位		起讫桩号	
检测依据		设计值(*BPN*)	
仪器设备及编号		检测环境	
结构层次		路面类型	

桩号	车道	测点位置	摆值(*BPN*)						路面温度(℃)	换算成20 ℃时摆值(*BPN*)	抗滑值均值(*BPN*)
			1	2	3	4	5	均值			
		前									
		中									
		后									
		前									
		中									
		后									
		前									
		中									
		后									
		前									
		中									
		后									
		前									
		中									
		后									
		前									
		中									
		后									
备注：											

检测：　　　　　　　　　　复核：　　　　　　　　　　日期：　　　年　　月　　日

路面摩擦系数试验检测报告(摆式仪法)

检测单位：　　　　　　　　　　　　　　　　　　　　　　　　报告编号：

工程名称		委托/任务编号	
委托/施工单位		合同段	
监理单位		起讫桩号	
检测依据		判定依据	
检测环境		结构层次	
仪器设备及编号			

序号	桩号	车道	BPN_{20}抗滑实测值	设计抗滑值(BPN)	结果判定

检测点数(处)		标准差		变异系数		路面抗滑平均值	
检测结论：							
备注：							

检测：　　　　审核：　　　　签发：　　　　日期：　　　年　　月　　日

岗位任务 16　沥青路面渗水系数测试

能力目标

1. 能够进行沥青路面渗水系数测定。

2. 能够进行沥青路面渗水系数测试数据分析及质量评定。

知识目标

1. 了解沥青路面渗水系数测试方法、原理。

2. 掌握沥青路面渗水系数测定步骤。

3. 掌握沥青路面渗水系数质量评定原则。

素质目标

培养坚持原则、忠于职守、作风正派、秉公办事的作风，要以数据说话；形成认真、严谨和科学的态度，具有较强的团队意识；树立质量第一的工程意识。

一、项目检测目的与要求

在路面现场测定沥青路面的渗水系数。

二、项目检测仪器设备

（1）路面渗水仪。

（2）水筒及大漏斗。

（3）秒表。

（4）密封材料：防水腻子、油灰或橡皮泥。

（5）其他：水、粉笔、塑料圈、刮刀、扫帚等。

三、项目检测方法与步骤

（一）准备工作

（1）在测试路段的行车道路面上，按随机选点方法确定测试位置，每一个检测路段应测定 5 个测点，并用粉笔画上测试标记。

（2）试验前，首先用扫帚清扫表面，并用刷子将路面表面的杂物刷去。

（二）试验步骤

（1）将塑料圈置于试件中央或者路面表面的测点上，用粉笔分别沿着塑料圈的内侧和外侧画上圈，在外环和内环之间的部分就是需要用密封材料进行密封的区域。

（2）用密封材料对环状密封区域进行密封处理，注意不要使密封材料进入内圈。

（3）将渗水仪放在试件或者路面表面的测点上，然后略微使劲将渗水仪压在条状密封材料表面，再将配重加上，以防压力水从底座与路面间流出。

（4）将开关关闭，向量筒中注满水，然后打开开关，使量筒中的水下流，排出渗水仪底部内的空气,并再次向量筒中注满水。

(5)将开关打开,待水面下降至 100 mL 刻度时,立即开动秒表开始计时,每间隔 60 s,读记仪器管的刻度一次,至水面下降至 500 mL 时为止。

(6)按以上步骤在同一个检测路段选择 5 个测点测定渗水系数,取其平均值作为检测结果。

四、项目检测数据分析与判定

计算时以水面从 100 mL 下降至 500 mL 所需的时间为标准,若渗水时间过长,也可以采用 3 min 通过的水量计算。

$$C_w = \frac{V_2 - V_1}{t_2 - t_1} \times 60$$

五、项目检测报告

现场检测,每一个检测路段应测定 5 个测点,计算其平均值作为检测结果。若路面不透水,在报告中注明渗水系数为 0。

路面渗水系数试验检测记录表

检测单位：　　　　　　　　　　　　　　　　　　　　　　　　记录编号：

工程名称		合同段号	
施工/委托单位		公路等级	
监理单位		起讫桩号	
试验依据		规定值或允许偏差	
主要仪器设备及编号			

桩号	位置	实测值		标准值（mL/min）	备注
		mL	min		
备注：					

检测：　　　　　　　　　复核：　　　　　　　　　日期：　　　年　　月　　日

路面渗水系数试验检测报告

检测单位：　　　　　　　　　　　　　　　　　　　　　　　报告编号：

工程名称			合同段号		
施工/委托单位			公路等级		
监理单位			起讫桩号		
试验依据			判定依据		
规定值或允许偏差					
主要仪器设备及编号					
桩号	位置	渗水系数（mL/min）	平均值（mL/min）	标准值（mL/min）	备注
试验点数：	平均值：		标准差：	变异系数：	
结论：					
备注：					

检测：　　　　审核：　　　　签发：　　　　　　日期：　　　年　　月　　日

岗位任务 17　沥青路面车辙测试

能力目标

1. 能够进行路面车辙测定。
2. 能够进行路面车辙测试数据分析及质量评定。

知识目标

1. 了解路面车辙测试方法、原理。
2. 掌握路面车辙测定步骤。
3. 掌握路面车辙质量评定原则。

素质目标

培养坚持原则、忠于职守、作风正派、秉公办事的作风,要以数据说话;形成认真、严谨和科学的态度,具有较强的团队意识;树立质量第一的工程意识。

一、项目检测目的与要求

测定沥青路面的车辙,供评定路面使用状况及计算维修工作量时使用。

二、项目检测仪器设备

(1)路面横断面仪。
(2)激光或超声波车辙仪。
(3)横断面尺。
(4)量尺:钢板尺、卡尺、塞尺。
(5)其他:皮尺、粉笔等。

三、项目检测方法与步骤

(1)车辙测定的基准测量宽度应符合下列规定:

①对高速公路及一级公路,以发生车辙的一个车道两侧标线宽度中点到中点的距离为基准测量宽度。

②对二级及二级以下公路,有车道区画线时,以发生车辙的一个车道两侧标线宽度中点到中点的距离为基准测量宽度;无车道区画线时,以形成车辙部位的一个设计车道宽作为基准测量宽度。

③以一个评定路段为单位,用激光车辙仪连续检测时,测定断面间隔不大于 10 mm。用其他方法非连续测定时,在车道上每隔 50 m 作为一测定断面,用粉笔画上标记进行测定。根据需要也可在行车道上随机选取测定断面,在特殊需要的路段如交叉口前后可予加密。

(2)采用激光或超声波车辙仪的测试步骤如下:

①将检测车辆就位于测定区间起点前。

②启动并设定检测系统参数。

③启动车辙和距离测试装置,开动测试车沿车道轮迹位置且平行于车道线平稳行驶,测试系统自动记录出每个横断面和距离数据。

④到达测定区间终点后,结束测定。

⑤系统处理软件按照规定的模式通过各横断面相对高程数据计算车辙深度。

(3)采用路面横断面仪的测试步骤如下:

①将路面横断面仪就位于测定断面上,方向与道路中心线垂直,两端支脚立于测定车道两侧边缘,记录断面桩号。

②调整两端支脚高度,使其等高。

③移动横断面仪的测量器,从测定车道的一端移至另一端,记录断面形状。

(4)采用横断面尺的测试步骤如下:

①将横断面尺就位于测定断面上,两端支脚置于车道两侧。

②沿横断面尺每隔 20 cm 一点,将量尺垂直立于路面上,用目平视测记横断面尺顶面与路面之间的距离,精确至 1 mm。如断面的最高处或最低处明显不在测定点上,应加测该点距离。

③记录测定读数,绘出断面图,最后连接成圆滑的横断面曲线。

④横断面尺也可以用线绳代替。

⑤当不需要测定横断面,仅需要测定最大车辙时,亦可用不带支脚的横断面尺架在路面上,由目测确定最大车辙位置,用尺量取。

四、项目检测数据分析与判定

(1)根据断面线的方法画出横断面图及顶面基准线。

(2)在图上确定车辙深度 D_1 及 D_2,读至 1 mm,以其中最大值作为断面的最大车辙深度。

(3)求取各测定断面最大车辙深度的平均值作为该评定路段的平均车辙深度。

五、项目检测报告

(1)采用的测定方法。

(2)路段描述,包括里程桩号、路面结构及横断面、使用年限、交通情况等。

(3)各测定断面的横断面图。

(4)各测定断面的最大车辙深度表。

(5)各评定路段的最大车辙深度和平均车辙深度。

(6)根据测定目的应记录的其他事项或数据。

沥青路面车辙检测记录表

检测单位： 记录编号：

工程名称		合同段号	
施工/委托单位		公路等级	
监理单位		起讫桩号	
检测依据		规定值或允许偏差(mm)	
主要仪器设备及编号			

桩号	位置	测试结果(mm)										
		1	2	3	4	5	6	7	8	9	10	平均值
备注：												

检测： 复核： 日期： 年 月 日

沥青路面车辙检测报告

检测单位： 报告编号：

工程名称		合同段号	
施工/委托单位		公路等级	
监理单位		起讫桩号	
检测依据		规定值或允许偏差(mm)	
判定依据		主要仪器设备及编号	

桩号	位置	测试结果(mm)										
		1	2	3	4	5	6	7	8	9	10	平均值
平均值(mm)：			检测点数：			不合格尺数：				合格率(%)：		
检测结论：												
备注：												

检测： 审核： 签发： 日期： 年 月 日

岗位任务 18　路面错台测试

能力目标

1. 能够进行路面错台测试。
2. 能够进行路面错台测试数据分析及质量评定。

知识目标

1. 了解路面错台测试方法、原理。
2. 掌握路面错台测定步骤。
3. 掌握路面错台质量评估原则。

素质目标

培养坚持原则、忠于职守、作风正派、秉公办事的作风，要以数据说话；形成认真、严谨和科学的态度，具有较强的团队意识；树立质量第一的工程意识。

一、项目检测目的与要求

测定路面、人工构造物端部接头，水泥混凝土路面接缝或桥梁的伸缩缝，以及沥青混凝土路面的缝隙两侧由于沉降造成的错台（台阶）高度。评价路面行车的舒适性能，并作为计算维修工作量的依据。

二、项目检测仪器设备

(1)皮尺。
(2)精密水准仪。
(3)3 m 直尺。
(4)其他:钢板尺、钢卷尺或粉笔等。

三、项目检测方法与步骤

(一)准备工作

非经注明，错台的测定位置以行车道错台最大处纵断面为准，根据需要也可以其他代表性纵断面为测定位置。选择需要测定的部位断面，记录检测位置及桩号，并详细描述发生错台的原因。

(二)构造物端部街头处的错台

(1)将精密水准仪架在距构造物端部不远的路面平顺处调平。

(2)从构造物端部无沉降或鼓包的断面位置起，沿路线纵向用皮尺量取一定距离作为测点，在该处立起塔尺，测量高程。再向前量取一定距离作为测点，测量高程。如此反复，直至无明显沉降的断面。无特殊需要时，从构造物端部起的 2 m 内，应每隔 0.2 m 测量 1 次，2 ~5 m 宜每隔 0.5 m 测量 1 次，5 m 以上可每隔 1 m 测量 1 次，由此得出的沉降纵断面及最大沉降值即为最大错台高度(D_m),精确至 1 mm。

(三)水泥混凝土路面接缝、桥梁伸缩缝及沥青混凝土路面裂缝处的错台

按上述方法用水准仪测定接缝或裂缝两侧一定范围内的道路纵断面,确定最大错台位置及高度 D_m,精确至 1 mm。

当发生错台变形的范围不足 3 m 时,可在错台最大位置沿路线纵向用 3 m 直尺架在路面上,其一端位于错台高出的一侧,另一端位于无明显沉降变形处,作为基准线。用钢板尺或钢卷尺每隔 0.2 m 量取路面与基准线之间的高度 D,同时测记最大错台高度 D_m,精确至 1 mm。

四、项目检测数据分析与判定

以测定的错台读数 D 与各测点的距离所成的纵断面图作为测定结果,途中应标明相应断面的设计纵断面高程、最大错台的位置与高度 D_m,精确至 1 mm。

对于新建水泥混凝土路面错台的测定:按每条胀缝 2 点,每 200 m 抽纵、横接缝各 2 条,每条 2 点进行。允许偏差:高速公路、一级公路为 2 mm,其他等级公路为 3 mm。

五、项目检测报告

(1)路线名,测定日期,天气情况。

(2)测定地点、桩号、路面及构造物概况。

(3)道路交通情况及造成错台的原因初步分析。

(4)最大错台高度 D_m 及错台纵断面图。

路面错台测试检查表

检测单位：　　　　　　　　　　　　　　　　　　　　　　　　　　记录编号：

工程名称		起止桩号	
检测依据		测定日期	
仪器或工具		天气情况	

断面位置	错台高度 D(mm)															最大错台高度 D_m(mm)及原因	
	1	2	3	4	5	6	7	8	9	10	11	12	13	14	15	D_m	初步原因
备注：																	

检测：　　　　　　　　　　　复核：　　　　　　　　　　　日期：　　　年　　月　　日

路面错台测试检查报告

检测单位：　　　　　　　　　　　　　　　　　　　　　　　　记录编号：

<table>
<tr><td>工程名称</td><td colspan="15"></td><td>起止桩号</td><td colspan="2"></td></tr>
<tr><td>检测依据</td><td colspan="15"></td><td>测定日期</td><td colspan="2"></td></tr>
<tr><td>仪器或工具</td><td colspan="15"></td><td>天气情况</td><td colspan="2"></td></tr>
<tr><td rowspan="2">断面位置</td><td colspan="15">错台纵断面图</td><td rowspan="2">最大错台位置</td><td colspan="2" rowspan="2">最大错台高度 D_m（mm）</td></tr>
<tr><td>1</td><td>2</td><td>3</td><td>4</td><td>5</td><td>6</td><td>7</td><td>8</td><td>9</td><td>10</td><td>11</td><td>12</td><td>13</td><td>14</td><td>15</td></tr>
<tr><td></td><td colspan="15"></td><td></td><td colspan="2"></td></tr>
<tr><td></td><td colspan="15"></td><td></td><td colspan="2"></td></tr>
<tr><td></td><td colspan="15"></td><td></td><td colspan="2"></td></tr>
<tr><td></td><td colspan="15"></td><td></td><td colspan="2"></td></tr>
<tr><td></td><td colspan="15"></td><td></td><td colspan="2"></td></tr>
<tr><td colspan="19">结论：</td></tr>
</table>

检测：　　　　　审核：　　　　　签发：　　　　　　　日期：　　　　年　　月　　日

岗位任务 19　承载板法现场测定地基承载力

能力目标

1. 能够运用承载板法测定地基承载力。
2. 能够进行地基承载力测试数据分析及质量评定。

知识目标

1. 熟悉承载板法的相关仪器及测试基本原理。
2. 掌握承载板法测定地基承载力步骤。
3. 掌握地基承载力质量评定原则。

素质目标

培养坚持原则、忠于职守、作风正派、秉公办事的作风，要以数据说话；形成认真、严谨和科学的态度，具有较强的团队意识；树立质量第一的工程意识。

一、项目检测目的与要求

测定地基承压板下应力主要影响范围内土层的承载力和变形模量。承载板法现场测定地基承载力可适用于各种地基土，特别是各种填土及含碎石的土。

二、项目检测仪器设备

(1)承压板：形状有正方形和圆形两种，其中圆形压板受力条件较好，使用最多。

(2)加荷稳压系统：由加荷千斤顶、立柱、稳压器和支撑稳压器的三角架组成。

(3)反力锚定系统：常用平台堆载、地锚及基槽承担。总的要求是加荷、卸荷要既简便，又安全，并对试验的沉降量观测不产生影响。

(4)观测系统：包括基准梁、位移计、磁性表座、油压表(测力环)。

三、项目检测方法与步骤

(一)现场设备布置

载荷试验应布置在有代表性的地点，每个场地不宜少于 3 个，当场地内岩体不均时，应适当增加。浅层平板载荷试验应布置在基础底面标高处。

(1)开挖试坑。

(2)选择承压板。

(3)设备安装。

(二)测试步骤

(1)正式加荷前，将试验地面打扫干净，观测地面变形，将承压板上百分表调至零位，将测定地面升降的百分表调至量程的中值位置。

(2)按规定逐级加荷和记录沉降变形量。载荷试验加荷方式应采用分级维持荷载沉降相对稳定法(常规慢速法)；加荷等级宜取 10 ~ 12 级，并不应少于 8 级，荷载量测精度不应低于最大荷载的 ±1%。

(3)按规定逐级加荷和记录百分表读数,达到沉降稳定标准后再施加下一级荷载。承压板的沉降可采用百分表、沉降传感器或电测位移计量测,其精度不应低于 ±0.01 mm。

(4)一般在加荷五级或已能定出比例界限点后,注意观测地基土产生塑性变形使压板周围地面出现裂纹和土体侧向挤出的情况,记录并描绘地面裂纹形状(放射状或环状、长短粗细)及出现时间。

(5)试验点附近应有取土孔提供土工试验指标,或其他原位测试资料,试验后,应在承压板中心向下开挖取土,并描述 2 倍承压板直径(或宽度)范围内土层的结构变化。

(6)当出现下列情况之一时,可终止试验:

① 承压板周边的土体出现明显侧向挤出,周边岩土出现明显隆起或径向裂缝持续发展。

② 本级荷载的沉降量大于前级荷载沉降量的 5 倍,$P \sim S$ 曲线出现明显陡降。

③ 在某级荷载下 24 h 沉降速率不能达到相对稳定标准。

④ 总沉降量与承压板直径(或宽度)之比超过 0.06。

(7)当需要卸载观测回弹时,每级卸荷量可为加荷量的 2 倍,历时 1 h,每隔 15 min 观测一次。荷载完全卸除后,继续观测 3 h。

四、项目检测数据分析与判定

(1)复核、整理原始数据,编制荷载与沉降值、时间与沉降值汇总表。

(2)确定地基承载力。

①绘制 $P \sim S$ 曲线,必要时绘制 $S \sim t$ 曲线。若绘出的 $P \sim S$ 曲线的直线段不通过坐标原点,可按直线段的趋势确定曲线的起始点,以便对 $P \sim S$ 曲线进行修正。

②确定曲线特征值,当 $P \sim S$ 曲线具有明显的直线段及转折点时,一般将转折点所对应的压力定为比例界限值,将曲线陡降段的渐近线和横坐标的交点定为极限荷载值。

③承载力基本容许值的确定应符合规定。

④同一土层参加统计的试验点不应少于 3 点。当试验实测值的极差不超过其平均值的 30% 时,取此平均值作为该土层的地基承载力基本容许值。

(3)计算地基土变形模量。

土的变形模量应根据 $P \sim S$ 曲线的初始直线段,可按均质、各向同性、半无限、弹性介质的弹性理论计算。

浅层平板载荷试验的变形模量 E_0 (MPa)可按下式计算

$$E_0 = I_0(1 - \mu^2)\frac{Pd}{S}$$

深层平板载荷试验和螺旋板载荷试验的变形模量 E_0 (MPa)可按下式计算

$$E_0 = \omega \frac{Pd}{S}$$

浅层平板载荷试验检测记录表

检测单位：　　　　　　　　　　　　　　　　　　　　　　　记录编号：

工程名称		合同段号	
施工/委托单位		公路等级	
监理单位		起讫桩号	
检测依据		规定值或允许偏差	
主要仪器设备及编号			

回归方程：$y = 0.065x + 0.2802$（y 为荷载值，x 为表读数）

级别		荷载（kN）	压力表读数（MPa）	测读时间	位移计（百分表）读数				本级沉降（mm）	累积沉降（mm）	具体时间
					1 号	2 号	3 号	4 号			
初读数											
加载	1			10 min							
				20 min							
				30 min							
				45 min							
				60 min							
				90 min							
				120 min							
	2			10 min							
				20 min							
				30 min							
				45 min							
				60 min							
				90 min							
				120 min							
	3			10 min							
				20 min							
				30 min							
				45 min							
				60 min							
				90 min							
				120 min							
	4			10 min							
				20 min							
				30 min							
				45 min							
				60 min							
				90 min							
				120 min							

检测：　　　　　　　　　　　复核：　　　　　　　　　　　日期：　　　年　　月　　日

续表

级别		荷载（kN）	压力表读数（MPa）	测读时间	位移计（百分表）读数				本级沉降（mm）	累积沉降（mm）	具体时间
					1号	2号	3号	4号			
加载	5			10 min							
				20 min							
				30 min							
				45 min							
				60 min							
				90 min							
				120 min							
	6			10 min							
				20 min							
				30 min							
				45 min							
				60 min							
				90 min							
				120 min							
	7			10 min							
				20 min							
				30 min							
				45 min							
				60 min							
				90 min							
				120 min							
	8			10 min							
				20 min							
				30 min							
				45 min							
				60 min							
				90 min							
				120 min							
	9			10 min							
				20 min							
				30 min							
				45 min							
				60 min							
				90 min							
				120 min							

检测：　　　　　　　　　　复核：　　　　　　　　　　　　　　日期：　　　年　　月　　日

续表

级别		荷载(kN)	压力表读数(MPa)	测读时间	位移计(百分表)读数				本级沉降(mm)	累积沉降(mm)	具体时间
					1号	2号	3号	4号			
卸载	1			15 min							
				30 min							
				60 min							
	2			15 min							
				30 min							
				60 min							
	3			15 min							
				30 min							
				60 min							
	4			15 min							
				30 min							
				60 min							
	5			15 min							
				30 min							
				60 min							
				90 min							
				120 min							
				150 min							
				180 min							

检测：　　　　　　　　复核：　　　　　　　　日期：　　年　　月　　日

浅层平板载荷试验检测报告

检测单位：　　　　　　　　　　　　　　　　　　　　　　　报告编号：

工程名称		合同段号	
施工/委托单位		公路等级	
监理单位		起讫桩号	
检测依据		规定值或允许偏差	
主要仪器设备及编号			

序号	荷载(kPa)	历时(min)		沉降(mm)	
		本级	累计	本级	累计

结论：

最大沉降量：

最大回弹量：

回弹率：

备注：

检测：　　　　审核：　　　　签发：　　　　日期：　　年　　月　　日

岗位任务 20 标准贯入试验测定地基承载力

能力目标

1. 能够运用标准贯入试验测定地基承载力。
2. 能够进行地基承载力测试数据分析及质量评定。

知识目标

1. 熟悉标准贯入试验的相关仪器及测试基本原理。
2. 掌握标准贯入试验测定地基承载力步骤。
3. 掌握地基承载力质量评定原则。

素质目标

培养坚持原则、忠于职守、作风正派、秉公办事的作风，要以数据说话；形成认真、严谨和科学的态度，具有较强的团队意识；树立质量第一的工程意识。

一、项目检测目的与要求

测定砂土、粉土和一般黏性土等地基承载力，不适用于软塑－流塑软土地基承载力测定。

二、项目检测仪器设备

(1)标准贯入器。
(2)触探杆。
(3)穿心锤。

三、项目检测方法与步骤

(1)用钻具钻至试验土层标高以上 0.15 m 处，清除残土。

(2)贯入前应拧紧钻杆接头，将贯入器放入孔内，避免冲击孔底。贯入器放入孔内后，应测定贯入器所在深度，要求残土厚度不大于 0.1 m。

(3)将贯入器以每分钟击打 15 ~ 30 次的频率，先打入土中 0.15 m，不计锤击数；然后开始记录每打入 0.10 m 及累计打入 0.30 m 的锤击数 N，并记录贯入深度与试验情况。

(4)旋转钻杆，然后提出贯入器，取贯入器中的土样进行鉴别、描述记录，并测量其长度。将需要保存的土样仔细包装、编号，以供试验之用。

(5)重复(1) ~ (4)步骤，进行下一深度的标准贯入测试，直至所需深度。一般每隔 1 m 进行一次标准贯入试验。

四、项目检测数据分析与判定

(1)标准贯入试验数据整理时，应包括钻孔孔径、钻进方式、护孔方式、落锤方式、地下水位及孔内水位、初始贯入度、预打击数、试验标准贯入击数、记录深度、贯入器所取扰动土样的鉴别描述等。

(2)因钻杆弹性压缩会引起能量损耗，需根据杆长对锤击数进行修正，$N=\alpha N'$。

(3)绘制标准贯入试验锤击数 N 与深度 H 的关系曲线，标出试验深度处的 N 值。

(4)结合钻探及其他原位试验，依据 N 值在深度上的变化，对各土层的 N 值进行统计，统计时要剔除个别异常值。

(5)成果应用：根据 N 估计砂土的密实度；根据标准贯入试验锤击数 N 估计天然地基的容许承载力[σ_0]。

动力触探检测记录表

检测单位：　　　　　　　　　　　　　　　　　　　　　　　　记录编号：

工程名称		委托/任务编号	
检测项目		委托单位	
类型		监理单位	
合同段		起讫桩号	
工程部位(坐标)		检测依据	
检测环境		测点编号	
仪器设备及编号			

深度(m)	杆长(m)	击数	备注	深度(m)	杆长(m)	击数	备注

备注：

检测：　　　　　　　　复核：　　　　　　　　日期：　　年　　月　　日

动力触探检测报告

检测单位：　　　　　　　　　　　　　　　　　　　　　　　　报告编号：

工程名称		委托/任务编号	
检测项目		委托单位	
类型		监理单位	
合同段		起讫桩号	
工程部位（坐标）		检测依据	
检测环境		测点编号	
仪器设备及编号			

深度（m）	杆长（m）	击数	备注	深度（m）	杆长（m）	击数	备注

结论：

检测：　　　　　审核：　　　　　签发：　　　　　　　　　日期：　　　年　　月　　日

岗位任务21　超声波透射法(声测法)检测灌注桩完整性

能力目标

1. 能够运用超声波透射法测定灌注桩完整性。
2. 能够进行灌注桩完整性测试数据分析及质量评定。

知识目标

1. 熟悉超声波透射法的相关仪器及测试基本原理。
2. 掌握超声波透射法测定灌注桩完整性步骤。
3. 掌握灌注桩完整性质量评定原则。

素质目标

培养坚持原则、忠于职守、作风正派、秉公办事的作风,要以数据说话;形成认真、严谨和科学的态度,具有较强的团队意识;树立质量第一的工程意识。

一、项目检测目的与要求

检测灌注成型并预埋声测管的混凝土灌注桩桩身的完整性,判定桩身缺陷的程度并确定其位置。

二、项目检测仪器设备

(1)超声波检测仪:凡符合超声仪国家标准的仪器均能使用。

(2)检测仪系统应包括信号放大器、数据采集及处理存储器、径向振动换能器等。

三、项目检测方法与步骤

(一)准备工作

(1)声测管的埋设要求。

①埋设数量及布置:声测管的埋设数量决定了检测剖面的个数,同时也决定了检测精度。声测管的布置以路线前进方向的顶点为起始点,按顺时针旋转方向进行编号和分组,每2根编为一组。

②连接及预埋:声测管一般随钢筋笼分段安装,焊接或绑扎固定在钢筋笼内侧。声测管之间应互相平行、定位准确,并埋设至桩底,管口宜高出桩顶面300 mm以上。

(2)检测准备工作。

①了解灌注桩有关技术资料及施工情况,了解桩的类型、尺寸、标高、成孔方法及工艺,地质资料,有关的设计参数,混凝土参数,混凝土施工工艺、过程及施工过程中出现的问题等。

②被检桩的混凝土龄期应大于14 d。

③声测管内应灌满清水,且保证畅通。

④标定超声波检测仪发射至接收的系统延迟时间 t_0 。

⑤准确量测声测管的内、外径和两相邻声测管外壁间的距离,量测精度为 ±1 mm。

⑥取芯孔的垂直度误差不应大于 0.5%,检测前应进行孔内清洗。

(二)现场检测

(1)仪器参数设置。

(2)平测普查。

①分组编号。将发射与接收换能器分别置于某一剖面的两根声测管中,放至桩底,保持相同标高。

②测点间距不宜大于 250 mm,自下而上将发射与接收换能器以相同标高同步升降,其累计相对高差不应大于 20 mm,并随时校正。每提升一次,进行一次测试。测试参数包括声时、振幅和主频率,重点是声时和振幅,必要时也可注意观察和记录波形的变化。一对声测管测完后,再转到另一对声测管测量。

③在对同一根桩的检测过程中,声波发射电压应保持不变。

(3)可疑测点细测。

对于声时值和波幅值出现异常的部位,应采用水平加密、斜测或扇形扫测等方法进行细测,结合波形分析确定桩身混凝土缺陷的位置及其严重程度。

四、项目检测数据分析与判定

(1)声时修正值可按下式计算:

$$t' = \frac{D - d}{v_{\mathrm{t}}} + \frac{d - d'}{v_{\mathrm{w}}}$$

(2)声时、声速和声速平均值应按下列公式计算,并绘制声速—深度曲线、波幅—深度曲线。

$$t = t_i - t_0 - t' \qquad v_i = \frac{l}{t} \qquad v_{\mathrm{m}} = \sum_{i=1}^{n} \frac{v_i}{n}$$

(3)单孔折射法的声时、声速值应按下列公式计算:

$$\Delta t = t_2 - t_1 \qquad v_i = \frac{h}{\Delta t}$$

(4)桩身混凝土缺陷应根据下列方法综合判定:

①声速判据。

当实测混凝土声速值低于声速临界值时应将其作为可疑缺陷区。

$$v_i < v_D$$

声速临界值为正常混凝土声速平均值与 2 倍声速标准差之差,即

$$v_D = \bar{v} - 2\sigma_{\mathrm{v}} \qquad \bar{v} = \sum_{i=1}^{n} \frac{v_i}{n} \qquad \sigma_{\mathrm{v}} = \sqrt{\sum_{i=1}^{n} \frac{(v_i - \bar{v})^2}{n - 1}}$$

当检测剖面 n 个测点的声速值普遍偏低且离散性很小时,宜采用声速低限值判据,即实测混凝土声速值低于声速低限值时,可直接判定为异常。

$$v_i < v_{\mathrm{L}}$$

声速低限值应由预留同条件混凝土试件的抗压强度与声速对比试验结果，结合本地区实际经验确定。

②波幅判据。

用波幅平均值减6 dB作为波幅临界值，当实测波幅低于波幅临界值时，应将其作为可疑缺陷区。

$$A_{\mathrm{D}} = A_{\mathrm{m}} - 6 \qquad A_{\mathrm{m}} = \sum_{i=1}^{n} \frac{A_i}{n}$$

③*PSD*判据。

采用斜率法作为辅助异常判据，当*PSD*值在某测点附近变化明显时，应将其作为可疑缺陷区。

$$PSD = \frac{(t_i - t_{i-1})^2}{z_i - z_{i-1}}$$

对于混凝土声速和波幅值出现异常并判为可疑缺陷区的部位，应按要求确定桩身混凝土缺陷的位置及影响程度。对于支承桩或嵌岩桩，宜同时采用低应变反射波法检测桩段的支承情况。

④桩身完整性类别判定。

五、项目检测报告

(1)工程名称、地点，委托方、建设单位、勘察单位、设计单位、监理单位和施工单位。

(2)检测目的、检测依据、检测数量、检测日期等。

(3)地质条件描述。

(4)受检桩的桩号、桩位和相关施工记录。

(5)检测方法、原理、仪器设备和过程叙述。

(6)声测管布置图，并应包括每根被检桩各剖面的声速—深度、波幅—深度曲线及各自的临界值，声速、波幅的平均值，桩身缺陷位置及程度的分析说明。

(7)与检测内容相应的检测结论。

(8)必要的说明和建议。

超声波透射法基桩完整性检测记录表

检测单位：　　　　　　　　　　　　　　　　　　　　　　记录编号：

委托单位		工程地点	
工程名称		检测/判定依据	
基桩描述		检测条件	
主要仪器设备及编号			

桩号	桩长（m）	桩径（mm）	强度（MPa）	测管净间距（mm）				存储文件编号
备注：								

检测：　　　　　　　　　复核：　　　　　　　　　　　　日期：　　　年　　月　　日

超声波透射法基桩完整性检测报告

检测单位：　　　　　　　　　　　　　　　　　　　　　　记录编号：

委托单位		工程地点	
工程名称		检测/判定依据	
基桩描述		检测条件	
主要仪器设备及编号			

桩号	桩长（m）	桩径（mm）	强度（MPa）	测管净间距（mm）				存储文件编号
结论：								

检测：　　　　　　审核：　　　　　　签发：　　　　　　日期：　　年　　月　　日

岗位任务22　低应变反射波法（动测法）检测灌注桩完整性

能力目标

1. 能够运用低应变反射波法测定灌注桩完整性。
2. 能够进行灌注桩完整性测试数据分析及质量评定。

知识目标

1. 熟悉低应变反射波法的相关仪器及测试基本原理。
2. 掌握低应变反射波法测定灌注桩完整性步骤。
3. 掌握灌注桩完整性质量评定原则。

素质目标

培养坚持原则、忠于职守、作风正派、秉公办事的作风，要以数据说话；形成认真、严谨和科学的态度，具有较强的团队意识；树立质量第一的工程意识。

一、项目检测目的与要求

实测桩顶速度响应信号的特征来检测桩身的完整性，判定桩身缺陷位置及影响程度，判断桩端嵌固情况。检测混凝土灌注桩和预制桩等刚性材料桩的桩身完整性。使用本方法时，被检桩的桩端反射信号应能有效识别。

二、项目检测仪器设备

（1）基桩动测仪。
（2）传感器。
（3）激振设备。

三、项目检测方法与步骤

（一）准备工作

（1）现场踏勘及资料收集。收集工程地质资料、基桩设计图纸和施工记录、监理日志等，了解施工工艺及施工过程中出现的异常情况，然后根据检测委托书编制检测纲要。

（2）桩头处理。被检桩顶面条件的好坏直接影响着测试信号的质量和对桩身完整性判定的准确性，因此要求被检桩顶面的混凝土质量、截面尺寸应与桩身设计条件基本相同。

（二）仪器设置安装

（1）传感器的选择及安装。目前基桩动测所用的传感器主要为压电式加速度传感器，其频率响应范围较宽、动态范围大、失真度小，能较好地反映桩身的反射信息。

（2）动测仪的参数设置。以实际施工记录的桩长为依据，设定桩长为桩顶测点至桩底的距离。

（3）激振设备的选择。瞬态激振通过改变锤的重量及锤头材料，可改变冲击入射波的脉冲宽度和频率成分，短桩或浅部缺陷桩的检测宜采用轻锤短脉冲激振；长桩、大直径桩或深部缺陷桩的检测宜采用重锤宽脉冲激振，也可采用不同的锤垫来调整激振脉冲宽度。

（三）激振及信号采集

混凝土灌注桩的检测宜在成桩14 d以后进行；打入或静压式预制桩的检测应在相邻桩打完后进行。

混凝土灌注桩、混凝土预制桩的激振点宜在桩顶中心部位；预应力混凝土管桩的激振点和传感器安装点与桩中心连线的夹角不应小于45°。采用力棒激振时，应自由下落；采用力锤敲击时，应使其作用力方向与桩顶面垂直。

实测信号应能反映桩身完整性特征，有明显的桩底反射信号，每个检测点记录的有效信号数不宜少于3个。不同测点及同一测点的多次实测时域信号应一致性好，不好时应分析原因，找出问题后进行重测。信号幅值不应超过测量系统的量程。

四、项目检测数据分析与判定

桩身完整性分析宜以时域曲线为主，辅以频域分析，并结合施工情况、岩土工程勘察资料和波形特征等因素进行综合分析判定。

（1）确定桩身波速的平均值。

①当桩长已知、桩端反射信号明显时，选取相同条件下不少于5根Ⅰ类桩的桩身波速，按下式计算平均值

$$c_{\mathrm{m}} = \frac{1}{n}\sum_{i=1}^{n} c_i \qquad c_i = \frac{2L \times 1\,000}{\Delta T} \qquad c_i = 2L \cdot \Delta f$$

②当桩身波速平均值无法按上款确定时，可根据本地区相同桩型及施工工艺的其他桩基工程的测试结果，并结合桩身混凝土强度等级与实践经验综合确定。

（2）计算桩身缺陷位置。

按以下两式之一计算桩身缺陷位置

$$x = \frac{1}{2\,000}\Delta t_x c \qquad x = \frac{1}{2}\frac{c}{\Delta f_x}$$

（3）桩身完整性判定。

根据时域及频域信号特征进行桩身完整性分类，见表22-1。

（4）混凝土灌注桩采用时域信号分析时，应结合有关施工和岩土工程勘察资料，正确区分由扩径处产生的二次同相反射与因桩身截面渐扩后急速恢复至原桩径处的一次同相反射，以避免对桩身完整性的误判。

（5）对于嵌岩桩，当柱端反射信号为单一反射波且与锤击脉冲信号同相时，应结合岩土工程勘察和设计等有关资料以及桩端同相反射波幅的相对高低来推断嵌岩质量，必要时采取其他合适方法进行核验。

（6）桩身完整性的分析出现下列情况之一时，宜结合其他检测方法：

①超过有效检测长度范围的超长桩，其测试信号不能明确反映桩身下部和桩端情况。

②桩身截面渐变或多变，且变化幅度较大的混凝土灌注桩。

表 22-1　桩身完整性判定

类别	时域信号特征	频域信号特征
Ⅰ类桩	$2L/c$ 时刻前无缺陷反射波，有桩底反射波	桩底谐振峰排列基本等间距，其相邻频差 $\Delta f \approx c/(2L)$
Ⅱ类桩	$2L/c$ 时刻前出现轻微缺陷反射波，有桩底反射波	桩底谐振峰排列基本等间距，其相邻频差 $\Delta f \approx c/(2L)$，轻微缺陷产生的谐振峰与桩底谐振峰之间的频差 $\Delta f' > c/(2L)$
Ⅲ类桩	有明显缺陷反射波，其他特征介于Ⅱ类桩和Ⅳ类桩之间	
Ⅳ类桩	$2L/c$ 时刻前出现严重缺陷反射波或周期性反射波，无桩底反射波；或因桩身浅部严重缺陷使波形呈现低频大振幅衰减振动，无桩底反射波	缺陷谐振峰排列基本等间距，相邻频差 $\Delta f' > c/(2L)$，无桩底谐振峰；或因桩身浅部严重缺陷只出现单一谐振峰，无桩底谐振峰

③桩长的推算值与实际桩长明显不符，且又缺乏相关资料加以解释或验证。

④实测信号复杂、无规律，无法对其进行准确的桩身完整性分析和评价。

⑤对于预制桩，时域曲线在接头处有明显反射，但又难以判定是断裂错位还是接桩不良。

五、项目检测报告

(1)工程概述。

(2)岩土工程条件。

(3)检测方法、原理、仪器设备和过程叙述。

(4)相关的施工记录。

(5)桩身混凝土波速值。

(6)桩身完整性描述，包括缺陷位置、性质及类别。

(7)时域曲线图，并注明桩底反射位置。

(8)桩位编号及平面布置示意图，地质柱状图。

(9)时域信号时段所对应的桩身长度标尺、指数或线性放大的范围及倍数，或幅频信号曲线分析的频率范围，桩底或桩身缺陷对应的相邻谐振峰间的频差。

(10)必要的说明和建议。

低应变反射波法基桩完整性检测记录表

检测单位：　　　　　　　　　　　　　　　　　　　　　　　　记录编号：

委托单位		工程地点	
工程名称		检测/判定依据	
基桩描述		检测条件	
主要仪器设备及编号			

桩号	桩长(m)	桩径(mm)	强度(MPa)	存储文件编号

备注：

检测：　　　　　　　　复核：　　　　　　　　日期：　　　年　　月　　日

低应变反射波法基桩完整性检测报告

检测单位：　　　　　　　　　　　　　　　　　　　　　　　　　　报告编号：

委托单位		工程地点	
工程名称		检测/判定依据	
基桩描述		检测条件	
主要仪器设备及编号			

桩号	桩长(m)	桩径(mm)	强度(MPa)	存储文件编号

结论：

检测：　　　　审核：　　　　签发：　　　　　　　　日期：　　年　　月　　日

岗位任务23 灌注桩竖向抗压承载力检测

能力目标

1. 能够进行灌注桩竖向抗压承载力检测。
2. 能够进行灌注桩竖向抗压承载力测试数据分析及质量评定。

知识目标

1. 熟悉灌注桩竖向抗压承载力检测相关仪器及测试基本原理。
2. 掌握灌注桩竖向抗压承载力检测步骤。
3. 掌握灌注桩竖向抗压承载力质量评定原则。

素质目标

培养坚持原则、忠于职守、作风正派、秉公办事的作风，要以数据说话；形成认真、严谨和科学的态度，具有较强的团队意识；树立质量第一的工程意识。

一、项目检测目的与要求

(1)检测单桩的竖向抗压承载力、荷载与位移的关系，并校核动力公式的准确程度。

(2)当桩身埋设有测量应力、应变、桩底反力传感器或位移杆时，可测定桩的分层侧阻力和端阻力或桩身截面的位移量，测定桩身应力变化，得出桩身弯矩分布。

(3)为设计提供依据的试验桩，应加载至破坏；当桩的承载力以桩身强度控制时，可按设计要求的加载量进行；对工程桩抽样检测时，加载量不应小于设计要求的单桩承载力特征值的2.0倍。

二、项目检测仪器设备

(1)加载装置。
(2)反力装置。
(3)荷载观测装置。
(4)沉降观测装置。
(5)如果还需要测定桩的侧阻力和端阻力，还有内力测量装置。

三、项目检测方法与步骤

(一)准备工作

(1)桩头处理：预制桩和预应力管桩，如果未进行截桩处理，桩头质量正常，单桩设计承载力合理，可不进行处理。预应力管桩，尤其是有截桩处理的预应力管桩，可采用填芯处理，填芯高度 h 一般为 1 ~ 2 m，可放置钢筋，也可不放，填芯用的混凝土宜按 C25 ~ C30 配制，也可用特制夹具箍住桩头。灌注桩桩头处理应先凿掉桩顶部的松散破碎层和低强度混凝土，露出主筋，冲洗干净桩头后再浇筑桩帽。

(2)系统检查:试验设备安装完毕后,应进行系统检查。对试桩施加较小荷载预压,以消除整个量测系统和被检桩本身由于安装、桩头处理等人为因素造成的间隙而引起的非桩身沉降,并排除千斤顶和管路中的空气,检查管路接头、阀门等是否漏油等。如一切正常,卸载至零,待百分表显示的读数稳定后,记录百分表初始读数,开始正式加载。

(二)现场检测

(1)试验加卸载方式:一般都采用慢速维持荷载法逐级加荷,每级荷载达到相对稳定后,再加下一级荷载,直至试桩达到破坏或终止加载条件,然后分级卸载到零。

(2)试验的荷载分级、沉降观测。

①加载分级。加载分级不宜少于10级。每级加载为最大加载量或预估极限承载力的1/15~1/10。其中第一级可按2倍分级加荷。最大加载量不应小于设计要求的2倍。

②沉降观测。每级加载后,每隔15 min观测一次;累计1 h后,每隔30 min观测一次。

③稳定标准。每级加载下沉量,在下列时间内如不大于0.1 mm,即可认为稳定。

(3)可终止加载的情况。

当出现下列情况之一时,可终止加载:

①某级荷载作用下,桩顶沉降量大于前一级荷载作用下沉降量的5倍。

②某级荷载作用下,桩顶沉降量大于前一级荷载作用下沉降量的2倍,且经24 h尚未达到相对稳定标准。

③已达到设计要求的最大加载量。

④当工程桩作锚桩时,锚桩上拔量已达到允许值。

⑤当荷载沉降曲线呈缓变形时,可加载至桩顶总沉降量60~80 mm。在特殊情况下,可根据具体要求加载至桩顶累计沉降量超过80 mm。

(4)桩的卸荷与回弹量观测。

①卸荷应分级进行,每级卸载量为两个加载级的荷载量。每级卸载后,应观测桩顶的回弹量,观测办法与沉降时相同。

②卸载到零后,至少每隔半小时测读一次。在第一个半小时内,每15 min观测一次。

(5)试验记录。

试验数据填写记录,绘制静载试验曲线,并编写试验报告。

四、项目检测数据分析与判定

(一)检测数据的整理

(1)绘制竖向荷载—沉降($P \sim S$)、沉降—时间对数($S \sim \lg t$)曲线。

(2)当进行桩身应力、应变和桩底反力测定时,应整理出有关数据的记录表,并按相应规范绘制桩身轴力分布图、计算不同土层的分层侧摩阻力和端阻力值。

(二)单桩竖向抗压极限承载力确定

(1)根据沉降随荷载变化的特征确定:对于陡降形荷载—沉降($P \sim S$)曲线,取其发生明显陡降的起始点对应的荷载值。

(2)根据沉降随时间变化的特征确定:取 $S \sim \lg t$ 曲线尾部出现明显向下弯曲的前一

级荷载值。

(3)当出现终止荷载第二款情况时,取前一级荷载值。

(4)对于缓变形 $P\sim S$ 曲线可根据沉降量确定,宜取 $S=40$ mm 对应的荷载值;当桩长大于40 m时,宜考虑桩身弹性压缩量;对直径大于或等于800 mm的桩,可取 $S=0.05D$(D 为桩端直径)对应的荷载值。

注:当按上述四款判定桩的竖向抗压承载力未达到极限时,桩的竖向抗压极限承载力应取最大试验荷载值。

五、项目检测报告

(1)工程名称、地点,委托方、建设单位、勘察单位、设计单位、监理单位和施工单位。

(2)检测目的、检测依据、检测数量、检测日期等。

(3)地质条件描述。

(4)受检桩的桩号、桩位和相关施工记录。

(5)检测方法、原理、仪器设备和过程叙述。

(6)受检桩的检测数据,实测与计算分析曲线、表格和汇总结果。

(7)与检测内容相应的检测结论。

(8)必要的说明和建议。

单桩竖向抗压静载试验检测记录表

检测单位：　　　　　　　　　　　　　　　　　　　　　　　　记录编号：

工程名称		合同段号	
施工/委托单位		公路等级	
监理单位		起讫桩号	
检测依据		规定值或允许偏差	
主要仪器设备及编号			

回归方程：$y = 0.065x + 0.280\,2$

级别		荷载（kN）	油压表读数（MPa）	测读时间	位移计（百分表）读数				本级沉降（mm）	累积沉降（mm）	具体时间
					1号	2号	3号	4号			
初读数											
加载	1			5 min							
				15 min							
				30 min							
				45 min							
				60 min							
				90 min							
				120 min							
	2			5 min							
				15 min							
				30 min							
				45 min							
				60 min							
				90 min							
				120 min							
	3			5 min							
				15 min							
				30 min							
				45 min							
				60 min							
				90 min							
				120 min							
	4			5 min							
				15 min							
				30 min							
				45 min							
				60 min							
				90 min							
				120 min							

检测：　　　　　　　　　　　　　复核：　　　　　　　　　　　　日期：　　　　年　　月　　日

续表

级别		荷载（kN）	油压表读数（MPa）	测读时间	位移计（百分表）读数				本级沉降（mm）	累积沉降（mm）	具体时间
					1号	2号	3号	4号			
加载	5			5 min							
				15 min							
				30 min							
				45 min							
				60 min							
				90 min							
				120 min							
	6			5 min							
				15 min							
				30 min							
				45 min							
				60 min							
				90 min							
				120 min							
	7			5 min							
				15 min							
				30 min							
				45 min							
				60 min							
				90 min							
				120 min							
	8			5 min							
				15 min							
				30 min							
				45 min							
				60 min							
				90 min							
				120 min							
	9			5 min							
				15 min							
				30 min							
				45 min							
				60 min							
				90 min							
				120 min							

检测：　　　　　　　　　复核：　　　　　　　　　日期：　　　年　　月　　日

续表

级别		荷载（kN）	油压表读数（MPa）	测读时间	位移计（百分表）读数				本级沉降（mm）	累积沉降（mm）	具体时间
					1号	2号	3号	4号			
卸载	1			15 min							
				30 min							
				60 min							
	2			15 min							
				30 min							
				60 min							
	3			15 min							
				30 min							
				60 min							
	4			15 min							
				30 min							
				60 min							
	5			15 min							
				30 min							
				60 min							
				90 min							
				120 min							
				150 min							
				180 min							

检测： 复核： 日期： 年 月 日

单桩竖向抗压静载试验检测报告

检测单位：　　　　　　　　　　　　　　　　　　　报告编号：

<table>
<tr><td colspan="2">委托单位</td><td colspan="5"></td></tr>
<tr><td colspan="2">工程名称</td><td colspan="2"></td><td colspan="2">工程地点</td><td></td></tr>
<tr><td rowspan="3">检测</td><td>项目</td><td colspan="5"></td></tr>
<tr><td>仪器</td><td colspan="5"></td></tr>
<tr><td>依据</td><td colspan="5"></td></tr>
<tr><td colspan="2">抽样说明</td><td colspan="5"></td></tr>
<tr><td colspan="2">见证单位</td><td colspan="2"></td><td colspan="2">见证人</td><td></td></tr>
<tr><td colspan="2">委托日期</td><td></td><td>检测日期</td><td></td><td>报告日期</td><td></td></tr>
<tr><td colspan="7">检　测　结　论</td></tr>
</table>

检测：　　　　审核：　　　　签发：　　　　　　日期：　　年　　月　　日

岗位任务24　回弹法测定结构混凝土强度

能力目标

1. 能够运用规范确定测区选择及测点布置。
2. 能够运用回弹法测定混凝土结构的回弹值。
3. 能够进行混凝土结构强度数据分析及质量评估。

知识目标

1. 了解回弹仪的基本构造及测试基本原理。
2. 掌握回弹法测定混凝土结构回弹值的方法与步骤。
3. 掌握混凝土结构强度质量评估原则。

素质目标

培养坚持原则、忠于职守、作风正派、秉公办事的作风，要以数据说话；形成认真、严谨和科学的态度，具有较强的团队意识；树立质量第一的工程意识。

一、项目检测目的与要求

（1）测定混凝土结构的回弹值，并快速评定混凝土抗压强度，混凝土结构厚度不得小于100 mm，温度不低于10 ℃。

（2）混凝土结构表面回弹值应经碳化深度修正后换算得混凝土抗压强度值，仅供参考。

二、项目检测仪器设备

（1）混凝土回弹仪。
（2）酚酞酒精溶液。
（3）钢砧。
（4）手提式砂轮。
（5）其他：卷尺、钢尺、凿子、锤子、毛刷等。

三、项目检测方法与步骤

（一）准备工作

对测区测点布置时，每位同学各自选取一个测区，每测区面积约20 cm×20 cm，每测区弹击16个点。

（二）试验步骤

回弹仪使用时的环境温度应为－4～＋40 ℃。检测时，将弹击杆垂直对准具有代表性的被测位置，然后使仪器的冲锤借弹簧的力量打击冲杆，根据与冲杆头部接触处的混凝土试件表面的硬度，冲锤将回弹到一定位置，可以按刻度尺上的指针读出回弹值。回弹仪的轴线应始终垂直于结构或构件的混凝土检测面，缓慢施压，准确读数，快速复位。具体见《回弹法检测混凝土抗压强度技术规程》（JGJ/T 23—2011）。

四、项目检测数据分析与判定

（一）测区回弹值的计算

每测区共弹击16点，16个回弹值中，分别剔除3个最大值和最小值，取余下10个回弹值的平均值为测区代表值

$$R_{\mathrm{m}} = \frac{1}{10}\sum_{i=1}^{10} R_i$$

1.测试角度修正

当回弹仪非水平方向测试混凝土浇筑侧面时，应按下式换算为水平方向测试时的测区平均回弹值。

$$R_{\mathrm{m}} = R_{\mathrm{ma}} + R_{\mathrm{aa}}$$

2.测试面修正

当回弹仪水平方面测试混凝土浇筑表面或底面时，应按下式换算为测试混凝土浇筑侧面的测区平均回弹值。

$$R_{\mathrm{m}} = R_{\mathrm{m}}^{t} + R_{\mathrm{a}}^{t}$$

$$R_{\mathrm{m}} = R_{\mathrm{m}}^{b} + R_{\mathrm{a}}^{b}$$

测试时，仪器既非水平方向而测区又非混凝土浇筑侧面，则应对回弹值先进行角度修正，然后进行浇筑面修正。

（二）混凝土强度的计算

1.测区混凝土强度值的确定

根据每一测区的回弹平均值 R_{m} 及碳化深度，查阅现行规范的相应的专用曲线，或地方曲线，或统一曲线，所查的强度值即为该测区混凝土的强度（未列出的测区强度值可用内插法求得）。

2.结构或构件混凝土强度的确定

构件强度平均值计算

$$m_{f_{\mathrm{cu}}^{\mathrm{c}}} = \frac{1}{n}\sum_{i=1}^{n} f_{\mathrm{cu},i}^{\mathrm{c}}$$

强度标准差计算

$$S_{f_{\mathrm{cu}}^{\mathrm{c}}} = \sqrt{\frac{\sum_{i=1}^{n}(f_{\mathrm{cu},i}^{\mathrm{c}})^2 - n(m_{f_{\mathrm{cu}}^{\mathrm{c}}})^2}{n-1}}$$

注：测区混凝土强度换算值是指按本规程检测的回弹值和碳化深度值，换算成相当于结构或构件的测区在该龄期下的混凝土抗压强度值。

被测……定方法：

……测时，以最小值作为该构件混凝土的强度推定值

$$f_{\mathrm{cu,e}} = f_{\mathrm{cu,min}}^{\mathrm{c}}$$

(2)当按批量检测时,应取下列公式中的较大值为该批构件的混凝土强度推定值,即

$$f_{cu,e} = m_{f_{cu}^{c}} - 1.645S_{f_{cu}^{c}}$$

注:构件混凝土强度推定值是指相应于强度换算值总体分布中保证率不低于95%的强度值。

对于按批量检测的构件,当该批构件混凝土强度标准差出现下列情况之一时,则该批构件应全部按单个构件检测。

(1)当该批构件混凝土强度平均值小于25 MPa时

$$S_{f_{cu}^{c}} > 4.5\ \text{MPa}$$

(2)当该批构件混凝土强度平均值不小于25 MPa时

$$S_{f_{cu}^{c}} > 5.5\ \text{MPa}$$

五、项目检测报告

(1)测区混凝土平均回弹值。

(2)测强曲线、回弹值与抗压强度的相关关系式及相关系数。

(3)各测区的抗压强度推定结果。

(4)推定的混凝土抗压强度平均值、标准差、变异系数。

混凝土强度试验检测记录表(回弹法)

检测单位：　　　　　　　　　　　　　　　　　　　　　　　　记录编号：

工程名称		合同段号	
施工/委托单位		公路等级	
监理单位		构件名称	
检测依据		主要仪器设备及编号	

龄期(d)		设计强度等级(MPa)		泵送混凝土	是　否

具体检测部位及示意图	测点 测区	实测回弹值 1	2	3	4	5	6	7	8	9	10	11	12	13	14	15	16	检测角度(°)	检测面	平均碳化深度值(mm)
	1																			
	2																			
	3																			
	4																			
	5																			
	6																			
	7																			
	8																			
	9																			
	10																			
	11																			
	12																			
	13																			

备注：

检测：　　　　　　　　　　复核：　　　　　　　　　　　　日期：　　　年　　月　　日

混凝土强度试验检测报告(回弹法)

检测单位：　　　　　　　　　　　　　　　　　　报告编号：

工程名称		合同段号	
施工/委托单位		公路等级	
监理单位		构件名称	
检测依据		判定依据	
主要仪器设备及编号		规定值或允许偏差	

龄期(d)		设计强度等级(MPa)		泵送混凝土	是　否

测区序号	测区均值	检测角度修正值	检测面修正值	测区混凝土换算强度(MPa)	测区泵送混凝土换算强度(MPa)	测区示意图		
1								
2								
3								
4								
5								
6								
7								
8								
9								
10								
11								
12								
13								
14						构件强度推定值(MPa)	强度等级(MPa)	判定结果
15								

检测结论：

备注：

检测：　　　　审核：　　　　签发：　　　　日期：　　年　　月　　日

岗位任务 25　超声回弹法测定结构混凝土强度

能力目标

1. 能够运用规范确定测区选择及测点布置。
2. 能够运用超声回弹法测定混凝土结构的强度。
3. 能够进行混凝土结构强度数据分析及质量评定。

知识目标

1. 了解超声回弹法测试的基本原理。
2. 掌握超声回弹法测定混凝土结构强度的方法与步骤。
3. 掌握混凝土结构强度质量评定原则。

素质目标

培养坚持原则、忠于职守、作风正派、秉公办事的作风，要以数据说话；形成认真、严谨和科学的态度，具有较强的团队意识；树立质量第一的工程意识。

一、项目检测目的与要求

(1)现场、综合、快速检测混凝土结构强度。

(2)混凝土结构必须满足：视密度为 1.9～2.5 t/m^3，板厚大于 100 mm，龄期大于 14 d，强度已达到设计抗压强度 80% 以上。

(3)不能检测隐蔽或外漏局部缺陷、裂缝或微裂区、超声波与钢筋同方向及小于 100 mm 的混凝土结构的强度。

二、项目检测仪器设备

(1)超声波检测仪。

(2)换能器。

(3)耦合剂。

(4)回弹仪。

(5)手持砂轮。

(6)其他：油污清洗剂、毛刷、抹布等。

三、项目检测方法与步骤

(1)回弹仪率定。

(2)测区和测点布置。

(3)回弹值的测定。

(4)声时值的测量。

(5)碳化深度测定。

四、项目检测数据分析与判定

(1)超声波声速值计算(精确至0.01 km/s)

$$v_{i1}=\frac{350}{t_{i1}}\qquad v_{i2}=\frac{450}{t_{i2}}\qquad v_i=\frac{v_{i1}+v_{i2}}{2}\qquad v=\frac{v_1+v_2+v_3}{3}$$

(2)碳化深度计算。

每一测区的平均碳化深度值,按下式计算

$$\overline{L}=\frac{\sum_{i=1}^{n}L_i}{n}$$

(3)回弹值计算。

(4)混凝土抗弯强度推算。

①测强曲线方程的确定。

建立专用测强曲线方程,相对标准误差 e_r 应不大于12%。

$$R_f=av^b e_r^c N$$

②混凝土路面抗弯强度推定。

每一段中以每一幅为一个单位作为抗弯强度评定对象,评定抗弯强度以较小者作为混凝土抗弯强度评定值 R_n。

$$R_{n1}=1.18(\overline{R}_n-KS_n)\qquad R_{n2}=1.18(R_{fi})_{\min}\qquad R_n=\min\{R_{n1},R_{n2}\}$$

五、项目检测报告

(1)水泥混凝土路面抗弯强度检测结果。

(2)水泥混凝土路面抗弯强度评定结果。

超声回弹综合法测试记录表

检测单位：　　　　　　　　　　　　　　　　　　　　　　　　　　记录编号：

工程名称											施工单位										检测日期					
编号		测试回弹值 R_i								碳化深度 d_i (mm)	测试角度 (°)	测试面状况	回弹平均值 R_m	修正后回弹值				超声声时值(μs)				测距 L (mm)	声速 v (km/s)	超声测面修正系数	修正后声速 (km/s)	换算强度
结构名称	测区	1	2	3	4	5	6	7	8					角度修正值	角度修正后	测面修正值	测面修正后	1	2	3	t_m					
	1																									
	2																									
	3																									
	4																									
	5																									
	6																									
	7																									
	8																									
	9																									
	10																									
强度计算		$n =$					$mf_{cu}^{c} =$		MPa			$S_{f_{cu}^{c}} =$			MPa				$f_{cu,min}^{c} =$			MPa				
说明		回弹仪		型号								超声仪		型号						混凝土设计强度等级						
				编号										编号												
				率定值										仪器零值(μs)												

检测：　　　　　　　　　　复核：　　　　　　　　　　　　　　　　日期：　　　年　　月　　日

超声回弹综合法测试混凝土强度的测试报告

检测单位：　　　　　　　　　　　　　　　　报告编号：

		测区									
		1	2	3	4	5	6	7	8	9	10
修正后的声速值 v_a（km/s）											
修正后的回弹值 R_a											
混凝土强度换算值（MPa）	仪器推荐曲线结果										
	计算公式结果										
声速值 v_i（km/s）											

测试面：　　　　　　声时修正值：

备注（超声波测试仪使用步骤以及注意事项等）：

检测：　　　　审核：　　　　签发：　　　　日期：　　年　　月　　日

岗位任务 26　钻芯法测定结构混凝土强度

能力目标

1. 能够运用规范确定测区选择及测点布置。
2. 能够运用钻芯法测定混凝土结构的强度。
3. 能够进行混凝土结构强度数据分析及质量评定。

知识目标

1. 了解超钻芯法测试基本原理。
2. 掌握钻芯法测定混凝土结构强度方法与步骤。
3. 掌握混凝土结构强度质量评定原则。

素质目标

培养坚持原则、忠于职守、作风正派、秉公办事的作风，要以数据说话；形成认真、严谨和科学的态度，具有较强的团队意识；树立质量第一的工程意识。

一、项目检测目的与要求

钻芯法检测混凝土强度是对混凝土体强度的一种检测方法，是在混凝土浇筑时所做试件达不到设计强度后，又对混凝土体进行回弹检测还不能证明混凝土体的强度达到设计要求，最后对混凝土体进行破损性钻芯取样，所取样品经过试验人员加工后进行检测，看样品的强度是否达到设计要求。

二、项目检测仪器设备

(1)钻芯机。
(2)锯切机。
(3)探测钢筋位置的磁感仪。
(4)游标卡尺。

三、项目检测方法与步骤

(一)准备工作

(1)钻芯法检测结构混凝土强度前，应具备下列资料：工程名称、部位及设计、施工、建设单位名称，结构或构件种类、外形尺寸及数量，成型日期、原材料和混凝土试块抗压强度试验报告，设计采用的混凝土强度等级，有关的设计图和施工资料等，检测的原因。

(2)钻芯取样应在结构或构件的下列部位钻取：结构或构件受力较小的部位；混凝土强度质量具有代表性的部位；便于钻芯机安放和操作的部位；避开主筋、预埋件和管线的位置，并尽量避开其他钢筋；用钻芯法和非破损法综合测定强度时，应与非破损法取同一测区。

(3)钻芯取样的数量应符合下列规定：按单个构件检测时，每个构件的钻芯数量不应少于3个；对于较小构件，钻芯数量可取2个；对构件的局部区域进行检测时，应由要求检测的单位提出钻芯位置及芯样数量；作回弹法检测混凝土强度修正的芯样数量应不少于6个。

(4)芯样的加工。

芯样高度：用钢板尺进行测量，精确至1 mm。

垂直度：用游标量角器测量，两个端面与母线的夹角，精确至0.10；

平整度：用钢板尺和塞尺测量芯样端面的缝隙。

(二)试验步骤

(1)芯样的试件宜在与被检测结构或构件混凝土湿度基本一致的条件下进行抗压强度试验。

(2)按自然干燥状态进行试验时，芯样试件在受压前应在室内自然干燥3 d，再进行抗压强度试验。

(3)按潮湿状态进行试验时，芯样应在(20±5)℃的清水中浸泡40~48 h，从水中取出后揩干，立即进行抗压强度试验。

(4)芯样的抗压强度试验按混凝土立方体强度的试验方法进行。

四、项目检测数据分析与判定

(1)芯样试件的混凝土强度换算值是指用钻芯法测得的芯样的强度，换算成相应于测试龄期的、边长为150 mm的立方体试块的抗压强度值。

(2)芯样试件的混凝土强度换算值(f_{cu}^{c})，应按下列公式计算

$$f_{cu}^{c} = \frac{4P\alpha}{\pi d^2}$$

式中 f_{cu}^{c}——芯样试件混凝土强度换算值，MPa，精确至0.1 MPa；

P——芯样试件抗压试验测得的最大压力，N；

d——芯样试件的平均直径，mm；

α——不同高径比的芯样试件混凝土强度换算系数。

五、项目检测报告

(1)委托单位。

(2)建筑工程概况。

(3)设计单位、施工单位及监理单位名称。

(4)检测项目、检测方法及依据标准。

(5)抽样方案及数量。

(6)检测日期、报告日期。

(7)检测项目的主要分类检测数据和汇总结果，检测结果、检测结论。

钻芯法检测混凝土强度检测记录表

工程名称：______________　　　　构件名称：______________

主要设备：钻芯机______________；钻头______________；锯切机______________　　　　环境温度：______________℃

检测单位：　　　　记录编号：

构件名称	编号	钻芯位置方向	抗压试验日期	试件平均直径	试件高度	芯样外观描述	含有钢筋描述	试件抗压时含水状态	芯样破坏最大压力	抗压强度	混凝土换算强度	芯样破坏形式及表现
备注												

检测：　　　　复核：　　　　日期：　　年　　月　　日

钻芯法检测混凝土强度检测报告

工程名称：________　　构件名称：________

主要设备：钻芯机________；钻头________；锯切机________　　环境温度：________℃

检测单位：　　报告编号：

构件名称	编号	钻芯位置方向	抗压试验日期	试件平均直径	试件高度	芯样外观描述	含有钢筋描述	试件抗压时含水状态	芯样破坏最大压力	抗压强度	混凝土换算强度	芯样破坏形式及表现
结论												

检测：　　审核：　　签发：　　日期：　　年　　月　　日

岗位任务27　结构混凝土表观及内部缺陷检测

能力目标

1. 能够通过超声波检测仪对结构混凝土表观及内部缺陷进行检测。

2. 能够依据检测混凝土缺陷情况进行混凝土结构质量评定。

知识目标

1. 了解超声波法测试基本原理。

2. 掌握超声回弹法测定结构混凝土表观及内部缺陷检测的步骤、方法。

3. 掌握结构混凝土表观及内部缺陷质量评定原则。

素质目标

培养坚持原则、忠于职守、作风正派、秉公办事的作风，要以数据说话；形成认真、严谨和科学的态度，具有较强的团队意识；树立质量第一的工程意识。

一、项目检测目的与要求

(1)缺陷检测是指检测结构混凝土内部空洞和不密实区的位置和范围、裂缝深度、表面损伤层厚度、不同时间浇筑混凝土结合面质量的缺陷。

(2)超声波检测仪测量超声脉冲波在混凝土中的传播速度，首波幅度和接收信号主频率等声学参数并根据其相对变化，判断结构混凝土中的缺陷情况。

二、项目检测仪器设备

(1)超声波检测仪。

(2)换能器。

(3)耦合剂。

(4)其他：油污清洗剂、毛刷、抹布等。

三、项目检测方法与步骤

(一)准备工作

(1)工程资料收集。

(2)检测方案制订。

(3)仪器规格选择。

(4)测点选择及换能器布置。

(二)试验步骤

1. 裂缝深度检测

1)单面平测法

当结构的裂缝部位只有一个可测表面，估计裂缝深度又不大于500 mm时，可采用单面平测法。平测时应在裂缝的被测部位,以不同的测距,按跨缝和不跨缝布置测点(布置测点时应避开钢筋的影响)进行检测,检测步骤为:

(1)不跨缝的声时测量。

声时与测距之间的回归直线方程

$$l' = a + b \cdot t_i$$

每测点的超声实际传播距离 l_i 为

$$l_i = l'_i + |a|$$

不跨缝平测的混凝土声速值为

$$v = \frac{l'_n - l'_1}{t_n - t_1} \quad 或 \quad v = b$$

(2)跨缝的声时测量。

将 T、R 换能器分别置于以裂缝为对称的两侧, l' 取 100 mm、150 mm、200 mm…分别读取声时值 t_i^0 ,同时观察首波相位的变化。

(3)平测法检测,裂缝深度应按下式计算

$$h_{ci} = \frac{l_i}{2\sqrt{\left(\frac{t_i^0 v}{l_i}\right)^2 - 1}} \qquad m_{h_c} = \frac{1}{n\sum_{i=1}^{n} h_{ci}}$$

(4)裂缝深度的确定。

2)双面斜测法

当结构的裂缝部位具有两个相互平行的测试表面时,可采用双面穿透斜测法检测。将 T、R 换能器分别置于两测试表面对应测点 1、2、3…的位置,读取相应声时值 t_i 、波幅值 A_i 及主频率 f_i 。

2. 不密实区和空洞检测

(1)根据被测构件时间情况,选择布置换能器。

(2)按规定测量每一测点的声时、波幅、频率和测距。

(3)数据处理。

测位混凝土声学参数的平均值(m_x)和标准差(S_x)应按下式计算

$$m_x = \sum x_i / n \quad S_x = \sqrt{\frac{(\sum x^2 - n \cdot m_x^2)}{n - 1}}$$

四、项目检测数据分析与判定

打开超声数据分析处理软件,调出要分析的数据;输入相应测试时的参数,计算完成后按工具栏上的显示曲线窗口按钮。

五、项目检测报告

报告内容包括:委托单位;建筑工程概况;设计单位、施工单位及监理单位名称;检测项目、检测方法及依据标准;抽样方案及数量;检测日期、报告日期;检测项目的主要分类检测数据和汇总结果、检测结果、检测结论。

结构混凝土表观及内部缺陷试验检测记录表(裂缝长度和宽度)

检测单位： 记录编号：

工程部位/用途		委托/任务编号	
样品名称		样品编号	
检测依据		样品描述	
检测条件		主要仪器设备及编号	
构件性质			

序号	裂缝位置	裂缝走向	裂缝性质	长度(m)	宽度(mm)

备注：

检测： 复核： 日期： 年 月 日

结构混凝土表观及内部缺陷试验检测报告

检测单位：　　　　　　　　　　　　　　　　　　　　　报告编号：

施工/委托单位		委托编号	
工程名称		样品编号	
工程部位/用途		样品描述	
检测依据		判定依据	
主要仪器设备及编号			
构件部位		检测方法	
外观描述：			
内部缺陷描述：			
检测结论：			
备注：			

检测：　　　　审核：　　　　签发：　　　　　　　日期：　　年　　月　　日

岗位任务 28　预制梁(板)静载试验

能力目标

1. 能够通过静载试验测试预制梁(板)控制截面的静应变、静挠度值。
2. 能够依据检测结论,并与理论计算结果对比,判断结构的工作状态和受力性能。

知识目标

1. 了解预制梁(板)静载试验的测试基本原理。
2. 掌握预制梁(板)静载试验的试验步骤、试验方法。
3. 掌握预制梁(板)质量评定原则。

素质目标

培养坚持原则、忠于职守、作风正派、秉公办事的作风,要以数据说话;形成认真、严谨和科学的态度,具有较强的团队意识;树立质量第一的工程意识。

一、项目检测目的与要求

预制梁板静载试验是对结构工作状态进行直接测试的一种鉴定手段。结构在试验荷载作用下,通过测试控制截面的静应变、静挠度,并与理论计算结果对比,从而判断结构的工作状态和受力性能。试验的目的主要是通过对预制梁板在设计使用荷载下的受力性能进行测试,了解单梁的实际受力性能,从而积累科学技术资料,为设计提供试验资料。

二、项目检测仪器设备

梁板试验需要量测的项目有结构的应变、位移、挠度、沉降和裂缝等,应选择适当的仪器进行量测。常用的量测仪器有应变仪、应变计(应变片)、百分表、千分表、位移计、精密水准仪、测微器、全站仪和裂缝宽度观测仪。

三、项目检测方法与步骤

(一)测试项目和测点布置

(1)测试跨中混凝土应变。测试跨中应变能较好地反映设计和施工质量情况,预应力梁以混凝土应变为主,在梁跨中和一侧四分点梁底、顶板各布置 2 个应变测点,跨中腹板沿梁高布置 3 个应变测点,共布置 14 个应变测点。

(2)测试跨中挠度。满足正常使用对结构的刚度要求,体现在跨中挠度应小于设计计算值或规范规定的允许值,梁跨中、四分点各布置 2 个挠度测点。

(3)测试支座变形(沉陷)。测定支座沉陷量是消除其对跨中挠度的影响,两端支座处分别布置 2 个测点检测支座变形(沉陷)。

(4)测定残余值。试验荷载卸载后,测定梁挠度值、应变值与卸载后相对应的残余值比值,利于梁结构试验结果评定。

(5)裂缝观测。试验前和试验过程中，对梁结构是否出现裂缝进行观测，以了解梁施工质量和利于试验数据分析。

测点布置见图 28-1。

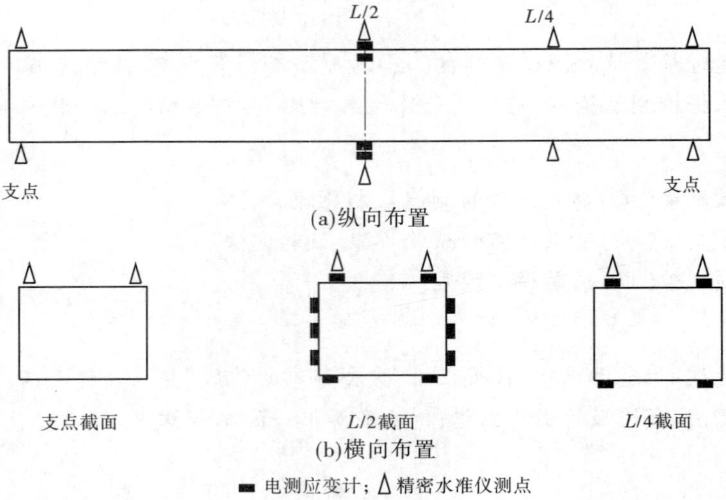

图 28-1　测点布置示意

(二)理论计算

理论计算考虑了桥梁实际施工过程对单梁受力性能的影响，根据桥梁实际施工顺序和设计荷载计算出梁底产生的应力，反算出单梁承受的荷载，进而得到试验等效荷载。

(三)静载试验测试方法

试验加载分四级(50%、80%、90%、100%)、卸载分二级(50%、0%)进行，试验前先进行了80%加载量的预压；每级加载，观测应变值读数稳定后，记录应变、挠度值，同步对试验梁进行裂缝观测。

根据试验现场条件，加载方式可采用以下方式之一：

(1)在试验梁跨中顶面放置方钢(或钢轨)做分配梁，再在分配梁上放置千斤顶及荷载传感器，反顶加载横主梁(由工字钢、钢轨或贝雷架等组成)，并用钢丝绳拴住配载梁端吊钩(无吊钩可兜梁底)，两片梁重量不够时可补堆其他重物，形成扁担式加载装置。本方法最好在预制场进行，不宜在已架好的桥梁上进行，加载装置如图 28-2 所示。

需准备的辅助材料：6 m 长刚性钢梁 1 根(亦可由 3 根 45 或 50 型钢轨组成)，2 m 长的枕木 8 根，橡胶支座 4 块。

(2)对预制场采用龙门吊吊梁的桥，可用龙门吊吊配载梁加载，一片梁自重不够可用两片。梁加载示意图如图 28-3 所示。

需准备的辅助材料：短钢轨 2 根，2 m 长枕木 6 根，橡胶支座 4 块，支承刚性主梁的垫块若干。

(3)对现场有足够重量且较准确、容易估计重量的堆载物(如水泥、钢筋、钢绞线、预制盖板、边沟板等)的桥，可采用平台堆载法加载，加载装置示意图如图 28-4 所示。

需准备的辅助材料：2 m 长枕木 8 根，6 m 长钢性主梁 4 根(50 或 60 型的钢轨或 25#

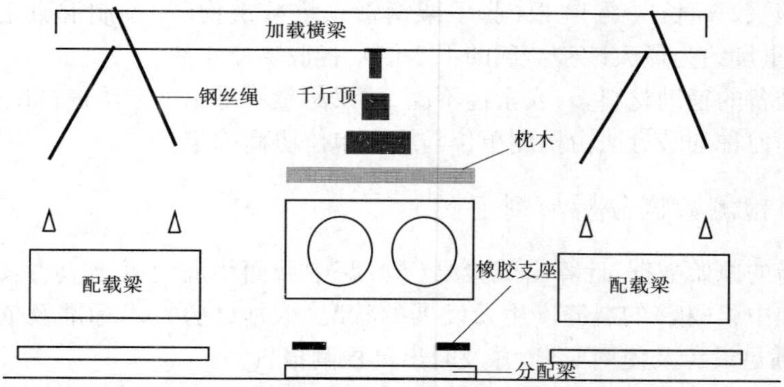

注：1. 试验梁底板距地面约 50 cm，试验梁两端支座垫放位置与设计要求相同。

2. 配载梁与试验梁间的距离为 50～60 cm。

3. 两配载梁吊环的中点与试验梁中点确保在一条线上，且其连线与试验梁垂直。

图 28-2　用预制梁配载加载装置示意

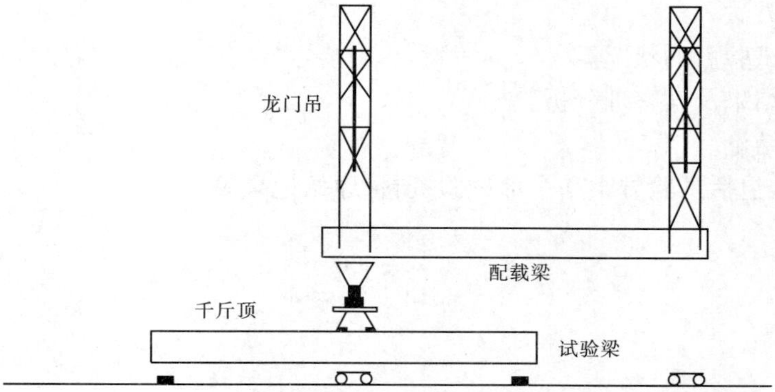

图 28-3　用龙门吊吊配载梁加载装置示意

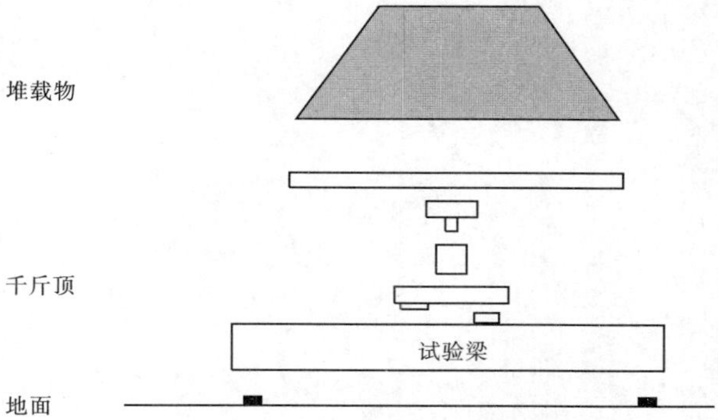

注：1. 试验梁底板距地面约 50 cm，试验梁两端支座垫放位置与设计要求相同。

2. 加载主梁中点位于试验梁中点正上方，且与试验梁平行；次梁放在主梁上方，且与主梁垂直；堆载完成后主梁距试验梁顶的距离为 70 cm。

图 28-4　堆载法加载装置示意

以上的工字钢),2 m 长次梁 30 根(脚手架钢管),堆载重物(如预制混凝土块、水泥、砂、定型钢筋等,重量约为最大试验荷载的 1.2 倍),橡胶支座 4 块。

由于需准备的辅助材料多,安全性不高,建议尽量不采用本方法进行试验。

试验采用何种加载方法由检测单位与施工单位协商确定。

四、项目检测数据分析与判定

根据试验的原始数据,计算出试验梁(板)跨中截面梁底混凝土应力及跨中挠度,并观测试验过程中梁(板)的裂缝产生及发展的状况,依据试验技术标准及依据,判断试验梁(板)是否满足设计及使用要求,并及时出具检测报告。

五、项目检测报告

(1)试验的原因和目的。

(2)梁在试验前的状况。

(3)试验方法。

(4)梁在试验后的状况。

(5)试验结果及其整理分析。

(6)技术结论。

(7)附录,包括试验方案和全部试验资料、原始记录等。

桥梁结构检测与监测变形(位移)试验检测记录表

检测单位：　　　　　　　　　　　　　　　　　　　　　　　　记录编号：

工程名称		合同段号	
施工/委托单位		公路等级	
试验孔号		检测依据	
检测环境条件		设计荷载	
主要仪器设备及编号			
桥梁结构形式			
工况			

测点	位置	实测值			计算值(mm)	比值	平均比值
		初始值(mm)	满载值(mm)	残余值(mm)			

备注：

检测：　　　　　　　　　　复核：　　　　　　　　　　　　　　日期：　　　年　　月　　日

桥梁结构检测与监测静态应变(应力)试验检测记录表

检测单位：　　　　　　　　　　　　　　　　　　　　　　　　记录编号：

工程名称		合同段号	
施工/委托单位		公路等级	
试验孔号		检测依据	
检测环境条件		设计荷载	
主要仪器设备及编号			
桥梁结构形式			

测点	位置	实测值			计算值(με)	比值	平均比值
		初始值(με)	满载值(με)	残余值(με)			

备注：

检测：　　　　　　　　复核：　　　　　　　　　　　　日期：　　　年　　月　　日

桥梁结构荷载试验检测报告

检测单位：　　　　　　　　　　　　　　　　　　　　报告编号：

工程名称		合同段号	
施工/委托单位		公路等级	
试验孔号		检测依据	
检测环境条件		判定依据	
主要仪器设备及编号			
桥梁结构形式		设计荷载	
静态试验：			
动态试验：			
检测结论：			
备注：			

检测：　　　　审核：　　　　签发：　　　　日期：　　年　　月　　日

岗位任务29　桥梁静载试验

能力目标

1. 能够通过静载试验测试桥梁控制截面的静应变、静挠度值。

2. 能够依据静载试验研究和理论计算分析，对桥梁的承载能力及工作状况做出综合评价。

知识目标

1. 了解桥梁静载试验的测试基本原理。

2. 掌握桥梁静载试验的试验步骤、试验方法。

3. 掌握桥梁承载力及工作状况综合评价原则。

素质目标

培养坚持原则、忠于职守、作风正派、秉公办事的作风，要以数据说话；形成认真、严谨和科学的态度，具有较强的团队意识；树立质量第一的工程意识。

一、项目检测目的与要求

（一）检测目的

（1）通过静载试验，掌握结构的现有工作状况，判断桥梁的实际工作状况是否符合设计要求或处于正常受力状态。

（2）通过静载试验研究和理论计算分析。对桥梁的承载能力及工作状况作出综合评价；综合判断该桥梁的安全性和可靠性，并将试验报告作为今后定期养护、参考的技术文件和依据。

（二）桥梁荷载试验主要检测内容

1. 连续梁桥主要观测内容

（1）边孔 $L/4$ 及 $L/2$ 附近截面，中孔 $L/4$、$L/2$ 截面，墩顶截面在试验荷载下的应力应变。

（2）边孔、中孔控制截面（$L/4$、$L/2$、$3L/4$）在试验荷载下的挠度。

（3）主梁在偏载作用下的荷载横向分布情况及影响系数。

2. 简支梁（板）桥主要观测内容

（1）跨中截面的最大正应力（应变）。

（2）跨中截面的挠度（刚度）分布规律。

（3）支座位置的沉降及梁端转角。

（4）跨度较大时要单独对 $L/4$ 截面加载测试 $L/4$ 截面的正应力（应变），跨度不大时对试验跨 $L/2$ 截面加载时同步测量 $L/4$ 截面的正应力（应变）。

二、项目检测仪器设备

（1）加载设备。静载试验荷载可由一系列正常行驶的车辆荷载组成。

(2)量测仪器。常用的量测仪器有百分表、千分表、位移计、应变计(应变片)、应变仪、精密水准仪、经纬仪、全站仪、倾角仪和刻度放大镜等,需要量测结构的反力、应变、位移、倾角和裂缝等物理量。

三、项目检测方法与步骤

(一)静载试验现场实施

(1)静载试验前期准备工作:为顺利完成静载试验,得到合理、客观的评价结果,必须做好试验前的准备工作。

(2)检测资料分析与总结:在前期桥梁外观检查、检测资料的基础上,分析、归纳、总结得到结构物的实际技术状况(包括结构的总体尺寸、行车道路面的平整度、材料的实际物理力学性能等)。

(3)确定桥址情况及试验跨段:包括桥上和两端线路技术状况,线路容许车速、桥下净空、水深和通航情况、线路交通量、桥址供电情况等,据以选择合适的加载方式、量测手段和安全措施。

(4)试验测点布置:对于简支桥梁,桥梁跨中截面每片梁板底面布置 2 个受拉应变测点和 1 个挠度观测点,在试验跨 $L/4$ 截面每片梁底面布置 1 个应变测点和 1 个挠度测点,在试验跨跨中截面偏载加载一侧的外腹板沿高度方向布置 3 ~5 个应变测点,测点布置如图 29-1 所示。对于连续梁桥(跨径小于 45 m 的连续梁),桥梁跨中截面每片梁板底面布置 2 个受拉应变测点和 1 个挠度观测点,在试验跨 $L/4$ 截面每片梁底面布置 1 个应变测点和 1 个挠度测点,在负弯墩顶截面附近各梁下缘布置 2 个应变测点,在试验跨跨中截面及负弯墩顶截面偏载加载一侧的外腹板沿高度方向布置 3 ~5 个应变测点,测点布置如图 29-2所示(以横向布置 7 片 T 形梁的连续 T 形梁为例示意,连续小箱梁测点布置与此类似)。

如计算分析表明支点附近的剪应力需要测试,则按照图 29-1(e)所示布置剪应力应变测点。

(5)量测系统的准备:标定仪器、搭设设施、安置仪表和进行测点编号等。

(6)加载装置的准备:加载荷重的准备、分级称量等。

(二)理论计算与分析

在进行荷载试验准备的同时,根据常规检查结果和现有设计、竣工等资料,对结构进行计算分析,确定结构的控制截面、最不利荷载位置,进而确定该桥的内力控制截面,并确定静力分级加载方案。静载试验最大试验荷载量的确定方法如下。

静力试验荷载效率表示为

$$\eta = S_{stat}/S(1+\zeta)$$

式中 S_{stat}——试验荷载作用下,检测部位变位或力的计算值;

S——设计标准活荷载作用下,检测部位变位或力的计算值(不计动力系数);

ζ——动力系数。

活荷载内力(或变形)在总内力(或变形)中的比值,大跨径混凝土桥比中小跨径混凝土桥为小,为达到检测精度,其 η 值的下限宜高于中小跨径(基本荷载试验:$1.0 \geq \eta > 0.8$)。

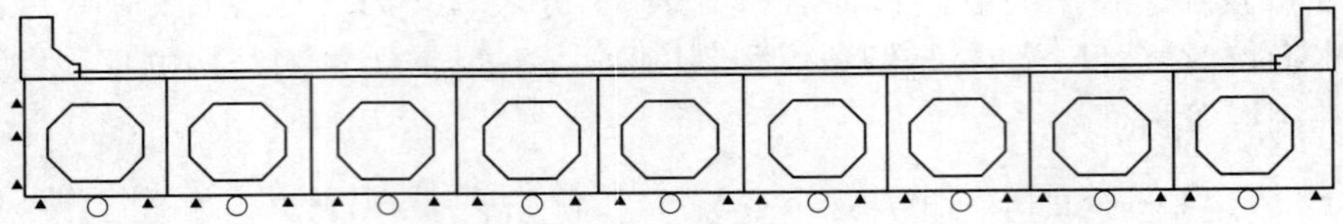

(a)简支梁(板)桥跨中截面应力及挠度测点布置示意

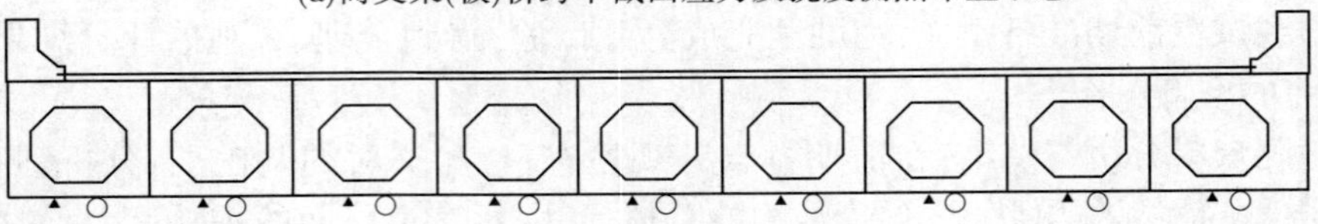

(b)简支梁(板)桥$L/4$截面应力及挠度测点布置示意

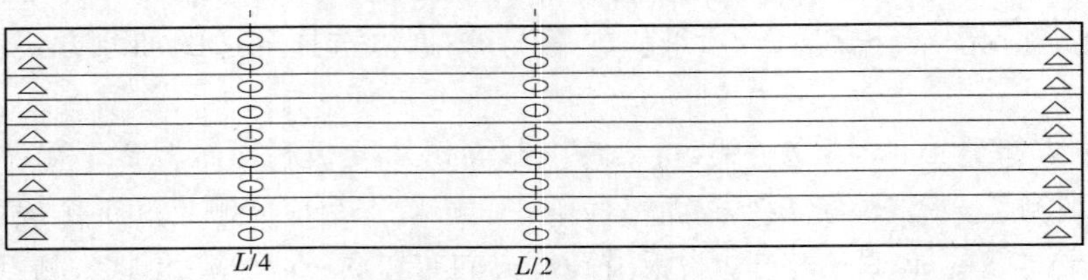

(c)简支梁变形测点在梁底的平面布置示意

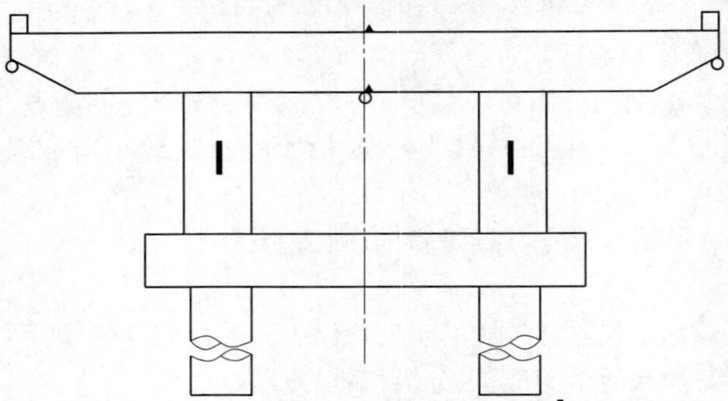

(d)盖梁测点布置示意

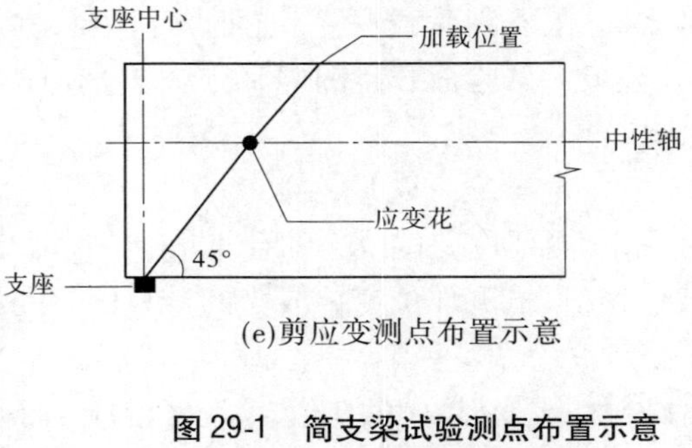

(e)剪应变测点布置示意

图 29-1　简支梁试验测点布置示意

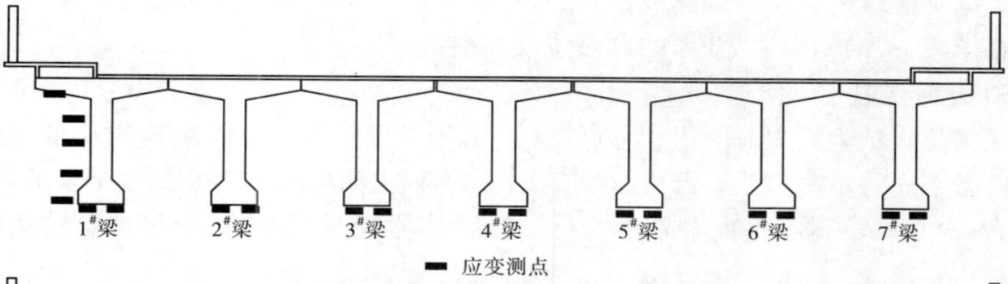

(a)连续梁试验跨跨中及墩顶负弯矩截面应变测点布置示意

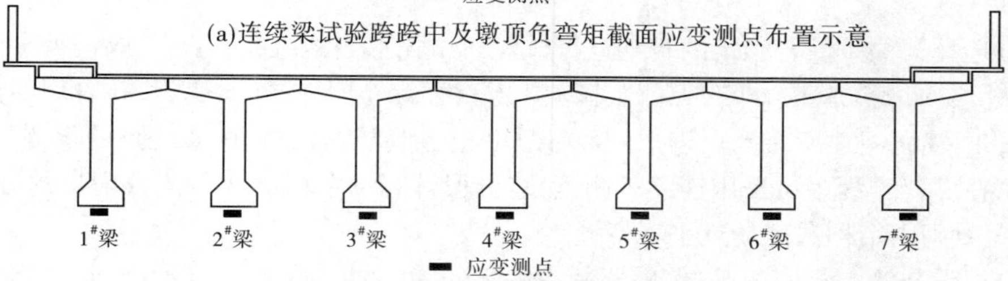

(b)连续梁边跨、次边跨$L/4$截面应变测点布置示意

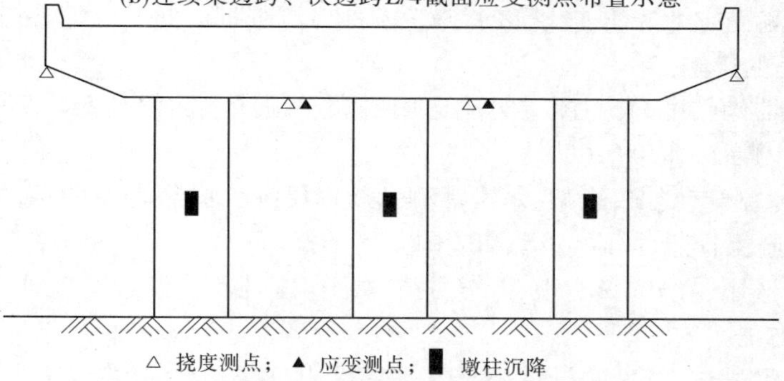

(c)墩柱及盖梁测点布置示意(以三柱桥墩为例)

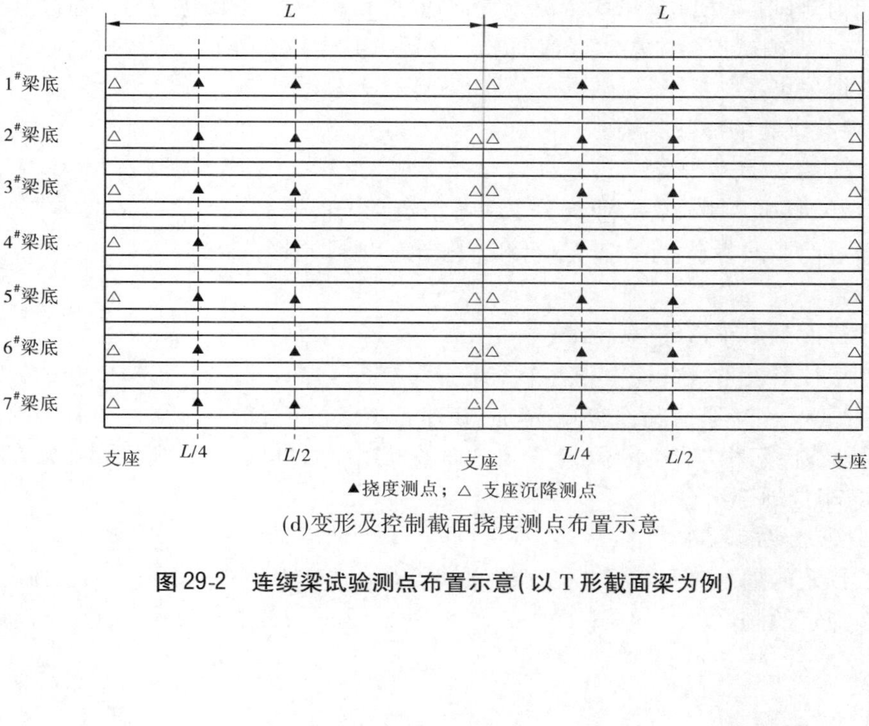

(d)变形及控制截面挠度测点布置示意

图 29-2　连续梁试验测点布置示意(以 T 形截面梁为例)

确定试验荷载大小及荷载加载位置后,建立全桥实体模型对结构进行加载分析,得到试验荷载作用下,结构应力、变形的预测值(理论控制值)。

(三)量测要求

在现场荷载试验的短时间里,必须注意日照和昼夜温度变化对结构物及量测数据的影响。根据不同的量测方法和条件,采取以下措施减少温度对结构及测量结果的影响:

(1)荷载试验安排在昼夜温差小、阴天或夜间(深夜至黎明前)近乎恒温的条件下进行。

(2)选择气象条件较稳定的日期进行试验。事先从当地气象台(站)取得可靠的天气预报资料,在加载试验前,即在无荷载作用下至少记录24 h的气温变化,并采用与试验程序相同的间隔时间对所有测点进行读数,以此修正加载试验过程中各测点的量测数据。

(3)在试验过程中可采用连续观测读数,分段计算每个荷载阶段读数增量的方法(假设加载短时间内结构温度场近乎不变)。

(4)埋设与测点相同的、以传感器制备的无应力试件。在加载试验中,每次观测应力测点的同时,观测无应力计的变化,以此修正其他量测数据。此法只能补偿结构均匀温度变化和均匀收缩的影响。

(5)量测仪器的精度,静态测定时应选用不大于预计量测值的5%,动态测定时应选用不大于预计量测最大值的10%。

(6)测量的基准点(如仪表架、水准观测站及标尺等),必须牢固可靠;连同量测仪器,均应予以防护,避免日照、风雨、振动和周围其他干扰。

(7)测量中选用受温度影响小、能够进行自动温度补偿的仪器设备。

(四)测试方法

(1)挠度测量方法:挠度测量采用电阻式位移计、激光挠度仪或精密水准仪进行。

(2)应力测试:应力测试采用混凝土表面应变计或应变片测试应变,再通过其计算公式换算成应力。测试仪器采用应变数据采集设备(如YJ-26等)。

(3)数据采集系统:传感器数据采集流程见图29-3。

(五)荷载试验的加载实施

1. 荷载试验加载的准备

(1)召开动员会,明确各专业组分工和各组负责人责任;

(2)经过前期准备、桥况详查,进行测点和试验项目调整;

(3)设置测点、基准点;

(4)在桥面画出车道线、载位线;

(5)连接仪器设备、通电,检查各个系统工作是否正常;

(6)根据天气、交通情况,最终确定加载时间。

对于桥梁加载,根据控制截面位置及截面的控制内力,进行加载车位置划分。图29-4为某桥加载车位划分示意。

2. 荷载试验的试验加载

(1)按预定的加载时间、加载方案开始试验。

(2)按拟定的测试工况加载:①简支梁桥:简支梁桥加载进行四个试验工况:跨中正

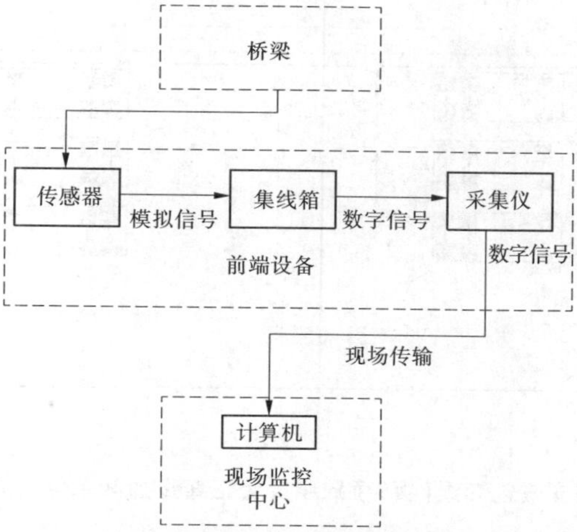

图 29-3　传感器数据采集流程示意

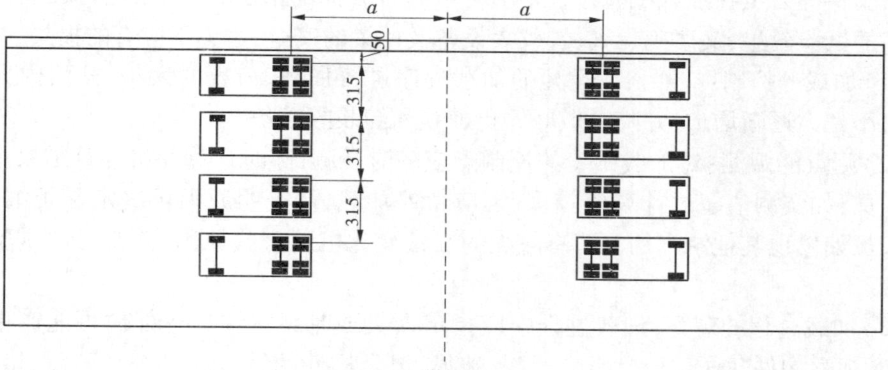

图 29-4　连续梁墩顶最大负弯矩加载车位划分示意(偏载)

弯矩偏载加载工况、跨中正弯矩对称加载工况、墩柱盖梁加载试验工况和支点剪应力加载试验工况。对于跨度达到 25 m 以上的简支梁桥,还应组织对 $L/4$ 截面受力进行最不利加载试验。②连续梁桥:连续梁桥试验加载分为 9 个试验工况,即边跨最大正弯矩截面偏载加载工况、边跨最大正弯矩截面对称加载工况、墩顶负弯矩截面偏载加载工况、墩顶负弯矩截面对称加载工况、次边跨跨中最大正弯矩截面偏载加载工况、次边跨跨中最大正弯矩截面对称加载工况、边跨 $L/4$(附近)截面最大正弯矩加载工况、次边跨 $L/4$(附近)截面最大正弯矩加载工况、墩柱盖梁加载试验工况(见图 29-5)。如有要求或计算发现支点部位剪应力较大,尚应进行支点部位最大剪应力加载试验工况。

(3)发现试验异常,立即中止试验;对试验异常的判断和试验中止条件按“(六)荷载试验的控制与安全”要求处理。

(4)试验完成后,清理试验现场。

(5)整理试验资料和电子数据,确认试验成果。

(6)确定试验现场作业结束。

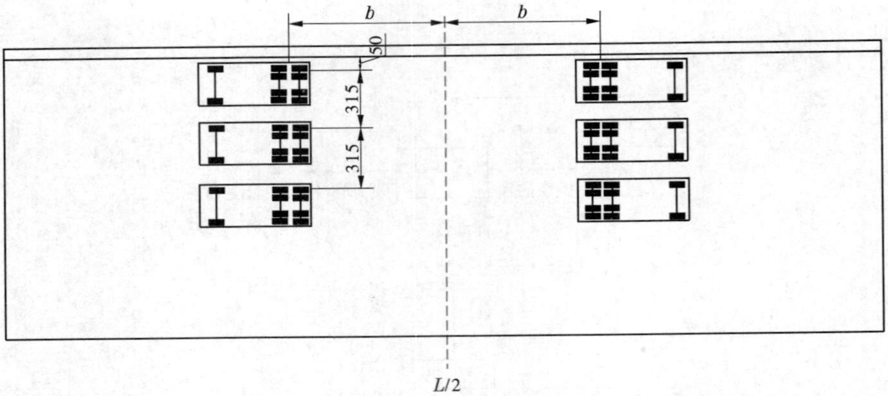

图 29-5　简支或连续梁(板)桥跨中最大正弯矩加载车位划分示意(偏载)

(六)荷载试验的控制与安全

试验指挥人员在加载试验过程中随时掌握各方面的情况,对加载进行控制。既要取得良好的试验效果,又要确保人员、仪表设备及桥梁的安全,避免不应有的损失。

(1)加载的控制:应严格按设计的加载程序进行加载,荷载的大小、截面内力的大小都应由小到大逐渐增加,并随时做好停止加载和卸载的准备。

(2)测点的观测:对加载试验的控制点应随时观测,随时计算并将计算结果报告试验指挥人员,如实测值超过计算值较多,则应暂停加载,待查明原因再决定是否继续加载。试验人员如发现其他测点的测值有较大的反常变化也应查找原因,并及时向试验指挥人员报告。

(3)加载过程的观察:加载过程中应指定人员随时观察结构各部位可能产生的新裂缝,注意观察构件薄弱部位是否有开裂、破损,组合构件的结合面是否有开裂、错位,支座附近混凝土是否开裂,横隔板的接头是否拉裂,结构是否产生不正常的响声,加载时墩台是否发生摇晃现象等,如发生这些情况应报告试验指挥人员,以便采取相应的措施。

(4)终止加载控制条件:①控制测点的应力值已达到或超过用弹性理论按规范安全条件反算的控制应力值时;②控制测点变位(或挠度)超过规范允许值时;③由于加载,使结构裂缝的长度、缝宽急剧增加,新裂缝大量出现,裂缝宽度超过允许值的裂缝大量增多,对结构使用寿命造成较大的影响时;④加载时沿跨长方向的实测挠度曲线分布规律与计算值相差过大或实测挠度超过计算过多时;⑤发生其他损坏,影响桥梁承载能力或正常使用时。

(5)荷载试验过程中的交通管制:进行桥梁荷载试验,必须中断交通,为此应根据最终确定的试验方案、试验开始时间和试验预计历时,编制交通管制方案,考虑到所有试验桥均未通车,交通管制采取封闭试验桥两端的办法进行管制。

四、项目检测数据分析与判定

(一)资料的整理和保存

检测过程中做好检测记录,每天对检测记录进行分类整理,主要做好如下工作:

（1）资料分析整理、保存。

（2）每座桥梁对照竣工资料填写桥梁资料卡，对资料不全，通过现场调查完成桥梁资料卡；并现场校对桥梁的基本数据，拍摄桥梁的全景及相关照片。

（3）现场按照竣工图（或设计图）对墩、台、梁等构件进行编号，对桥梁病害做好现场记号，内业资料中应有书面记录。

（二）检测报告的编制

（1）检测报告内容分析编写。

（2）按业主要求提交检测报告与电子文档。

（3）报告包括的内容有：桥梁检测的原因、内容、项目、方法；使用的仪器设备，检测结果分析；结构定期检测的评论结论，结构使用限制（包括荷载、速度、机动车通行或车道数限制）。

（4）按照《城市桥梁养护技术规范》（CJJ 99—2003）中规定的表格进行填写，包括桥梁资料卡、桥梁等级分类等内容。

（5）进行仿真验算，计算书作为附件附于检测报告中，提交业主。

五、项目检测报告

（1）按照试验大纲的内容，简要介绍试验实施概况。

（2）试验前后和试验期间对桥梁进行外观检查所得到的结构状况（包括构件尺寸、裂缝和损坏等）。

（3）量测数据的计算结果和各种关系曲线。

（4）对试验成果的分析与评定，包括试验值与理论计算值或标准规定值的比较。

（5）对于结构适用性、耐久性和设计合理性的评定及桥梁安全运营条件的建议。

（6）试验和报告的日期，主持和参加单位及人员名称，主持者签名。

桥梁结构检测与监测变形(位移)试验检测记录表

检测单位: 记录编号:

工程名称		合同段号	
施工/委托单位		公路等级	
试验孔号		检测依据	
检测环境条件		设计荷载	
主要仪器设备及编号			
桥梁结构形式			
工况			

测点	位置	实测值			计算值(mm)	比值	平均比值
		初始值(mm)	满载值(mm)	残余值(mm)			

备注:

检测: 复核: 日期: 年 月 日

桥梁结构检测与监测静态应变(应力)试验检测记录表

检测单位：　　　　　　　　　　　　　　　　　　　　记录编号：

工程名称		合同段号	
施工/委托单位		公路等级	
试验孔号		检测依据	
检测环境条件		设计荷载	
主要仪器设备及编号			
桥梁结构形式			

测点	位置	实测值			计算值（με）	比值	平均比值
		初始值（με）	满载值（με）	残余值（με）			
备注：							

检测：　　　　　　　　　复核：　　　　　　　　　　　日期：　　　年　　月　　日

桥梁结构荷载试验检测报告

检测单位： 报告编号：

<table>
<tr><td>工程名称</td><td></td><td>合同段号</td><td></td></tr>
<tr><td>施工/委托单位</td><td></td><td>公路等级</td><td></td></tr>
<tr><td>试验孔号</td><td></td><td>检测依据</td><td></td></tr>
<tr><td>检测环境条件</td><td></td><td>判定依据</td><td></td></tr>
<tr><td>主要仪器设备及编号</td><td colspan="3"></td></tr>
<tr><td>桥梁结构形式</td><td></td><td>设计荷载</td><td></td></tr>
<tr><td colspan="4">静态试验：</td></tr>
<tr><td colspan="4">动态试验：</td></tr>
<tr><td colspan="4">检测结论：</td></tr>
<tr><td colspan="4">备注：</td></tr>
</table>

检测： 审核： 签发： 日期： 年 月 日

岗位任务30　桥梁动载试验

能力目标

1. 能够通过动载试验测试桥梁控制截面的应变、挠度值。

2. 能够依据动载试验研究和理论计算分析，对桥梁的承载能力及工作状况作出综合评价。

知识目标

1. 了解桥梁动载试验的测试基本原理。

2. 掌握桥梁动载试验的试验步骤、试验方法。

3. 掌握桥梁承载力及工作状况综合评价原则。

素质目标

培养坚持原则、忠于职守、作风正派、秉公办事的作风，要以数据说话；形成认真、严谨和科学的态度，具有较强的团队意识；树立质量第一的工程意识。

一、项目检测目的与要求

（一）检测目的

（1）检验桥梁在成桥状态下的实际工作性能和工程质量是否符合设计标准和运营要求。

（2）识别结构的现有状态，为今后的维修和养护提供原始参考资料。

（二）试验测试内容

（1）测定桥梁作为一个整体结构在动力载荷作用下的受迫振动特性，特别是桥梁在接近各种运营条件下的汽车以不同的速度通过桥梁时，桥梁所反映的振动频率、振幅、阻尼比、振型等各种动力特性，以评价大桥的最大动力响应是否满足有关规范要求。

（2）测定桥梁结构的自振特性，即结构的自振频率、振型和阻尼特性等。

二、项目检测仪器设备

动载试验量测动应变可采用动态电阻应变仪并配以记录仪器，量测振动可选用低频拾振器并配低频测振放大器及记录仪器，量测动挠度可选用电阻应变位移计配动态电阻应变仪及记录仪器。

三、项目检测方法与步骤

（一）测试测点布置

根据理论分析结果，将传感器布置在对结构变化最敏感的位置。在本桥中根椐理论模态分析，将传感器布置在桥跨的关键截面位置并尽量避开桥梁振动时的节点位置（振动响应最小处）。

(二)动力试验工况

1. 行车试验

(1)无障碍跑车试验:在桥面无任何障碍的情况下,用一辆重载车分别以 5 km/h、10 km/h、20 km/h、30 km/h 等速度匀速通过桥梁各测试断面,以测定在各种行车速度下测试断面的振动速度—时程曲线。

(2)汽车刹车制动试验:一辆重载试验车分别以 20 km/h、30 km/h 的均匀速度驶到测试断面时紧急刹车,测试各测试断面在刹车时的桥梁振动速度—时程曲线。试验时测点选在跨中截面位置。

(3)跳车试验:跳车试验选择主孔跨中作为激振点,选择楔形木高度 10 ~ 15 cm,使试验车后轮缓慢越过楔形木后并刹车,测试动应变、动挠度。

2. 脉动试验

脉动试验利用桥梁在各种随机环境激励(包括地脉动、风、水流等)下引起的振动响应,采集速度信号,分析得到桥梁结构的固有振动特性(固有频率、振型和阻尼比),为桥梁的动力响应分析(抗风、抗震、动荷载响应分析等)提供参数。

四、项目检测数据分析与判定

依据桥梁结构荷载试验项目,将理论值、实测值以及有关的参考限值进行对比,说明理论与实践二者的符合程度,从中得出试验结构所具有的实际承载能力、抗裂性、使用安全度,以及从试验中所发现的新问题。从现场检查的综合情况,说明试验结构的施工质量。

五、项目检测报告

其主要内容应该包括下列各项:

(1)试验目的。

(2)试验依据。

(3)试验方案。

(4)试验过程说明。

(5)各项试验达到的精度。

(6)试验成果与分析。

(7)试验记录摘录。

(8)技术结论。

(9)图表信息。

桥梁结构检测与监测变形(位移)试验检测记录表

检测单位：　　　　　　　　　　　　　　　　　　　　　　记录编号：

工程名称		合同段号	
施工/委托单位		公路等级	
试验孔号		检测依据	
检测环境条件		设计荷载	
主要仪器设备及编号			
桥梁结构形式			
工况			

测点	位置	实测值			计算值(mm)	比值	平均比值
		初始值(mm)	满载值(mm)	残余值(mm)			

备注：

检测：　　　　　　　　　复核：　　　　　　　　　　　日期：　　　年　　月　　日

桥梁结构检测与监测静态应变(应力)试验检测记录表

检测单位：　　　　　　　　　　　　　　　　　　　　　　　　　　记录编号：

工程名称		合同段号	
施工/委托单位		公路等级	
试验孔号		检测依据	
检测环境条件		设计荷载	
主要仪器设备及编号			
桥梁结构形式			

测点	位置	实测值			计算值(με)	比值	平均比值
		初始值(με)	满载值(με)	残余值(με)			

备注：

检测：　　　　　　　　　　　复核：　　　　　　　　　　　　日期：　　　年　　月　　日

桥梁结构荷载试验检测报告

检测单位： 报告编号：

工程名称		合同段号	
施工/委托单位		公路等级	
试验孔号		检测依据	
检测环境条件		判定依据	
主要仪器设备及编号			
桥梁结构形式		设计荷载	
静态试验：			
动态试验：			
检测结论：			
备注：			

检测： 审核： 签发： 日期： 年 月 日

参 考 文 献

[1] 金桃,张美珍. 公路工程检测技术[M]. 3 版. 北京:人民交通出版社,2009.
[2] 王立军,周广宇,朱铁增. 公路工程检测实训指导书[M]. 郑州:黄河水利出版社,2012.
[3] 张超,郑南翔,王建设. 路基路面试验检测技术[M]. 北京:人民交通出版社,2004.
[4] 和松.《公路路基路面现场测试规程》释义手册[M]. 北京:人民交通出版社,2008.
[5] 朱芳芳. 桥涵工程检测技术[M]. 北京:人民交通出版社,2010.
[6] 宋一凡. 公路桥梁荷载试验与结构评定[M]. 北京:人民交通出版社,2002.
[7] 交通部公路科学研究所. STG/T J21—2011 公路桥梁承载能力检测评定规程[S]. 北京:人民交通出版社,2011.
[8] 中华人民共和国交通运输部. JTG E60—2008 公路路基路面现场测试规程[S]. 北京:人民交通出版社,2008.
[9] 交通运输部公路科学研究院. JTG/T H21—2011 公路桥梁技术状况评定标准[S]. 北京:中国标准出版社,2011.
[10] 中华人民共和国住房和城乡建设部. JTG C20—2011 公路工程地质勘察规范[S]. 北京:人民交通出版社,2011.
[11] 中国建筑科学研究院. JTG 106—2003 建筑基桩检测技术规范[S]. 北京:中国建筑工业出版社,2003.
[12] 陕西省建筑科学研究设计院,上海同济大学. CECS 21—2000 超声波检测混凝土缺陷技术规程[S]. 北京:中国工程建设标准化办公室,2000.
[13] 陕西省建筑科学研究设计院. JTJ T23—2011 回弹法检测混凝土抗压强度技术规程[S]. 北京:人民交通出版社,2011.
[14] 中华人民共和国交通运输部. JTG H20—2007 公路技术状况评定标准[S]. 北京:人民交通出版社,2007.
[15] 中华人民共和国建设部. CJJ 99—2003 城市桥梁养护技术规范[S]. 北京:人民交通出版社,2003.